EL CAMINO DEL PERDÓN

MIGUEL ÁNGEL FUENTES

EL CAMINO DEL PERDÓN

IVE Press

New York – 2011

Cover Design

© IVE Press

Cover Art

© Louvre Museum

Text

© IVE Press, New York
Institute of the Incarnate Word, Inc.
All rights reserved

Manufactured in the United States of America

IVE Press

113 East 117th Street
New York, NY 10035

Ph. (646) 470-9590
Fax (855) 483-2665

Email orders@ivepress.org
http:// www.ivepress.org

ISBN 978-1-933871-39-4

Library of Congress Control Number: 2011903047

Printed in the United States of America ∞

C 1

ÍNDICE

PRIMERA PARTE

EL RENCOR Y EL PERDÓN

1. UNA LECCIÓN
DE MUERTE Y VIDA

La tarde del 5 de julio de 1902, agonizaba en un hospital de la ciudad de Nettuno una jovencita llamada María Goretti. Su agonía había comenzado cinco horas antes, cuando el joven Alejandro Serenelli la apuñaló brutalmente con un punzón de hierro en el vientre y en el pecho, con catorce puñaladas, por negarse a secundar sus deseos de lujuria. El sacerdote preguntó a la pequeña María que agonizaba con atroces dolores: "¿Estás dispuesta a perdonar a tu asesino?" "Sí", replicó ella superando toda repugnancia humana, "...y no sólo lo perdono, sino que también lo quiero conmigo en el cielo".

Treinta y seis años después de aquella escena, la noche de Navidad de 1938, llamaron a la puerta de la casa parroquial del cura de Corinaldo; acudió a abrirla la empleada, Assunta Goretti, madre de María. Frente a ella, un hombre de rostro compungido, con trazas de muchos años de cárcel, le dice: "¿Me reconoce usted, señora Assunta?". "Sí, Alejandro; te recuerdo," respondió la anciana. "¿Me perdona?", suplicó el visitante. "Si Dios te ha perdonado, Alejandro, ¿cómo no te he de perdonar yo?". Aquella noche de Navidad Alejandro Serenelli, lo pasó en casa del señor párroco, y los pueblerinos de Corinaldo pudieron ver a la madre y al asesino de María Goretti acercarse a comulgar juntos durante la Misa de Gallo. Tiempo después, ambos también serían testigos de la canonización de la virgen y mártir de la castidad.

Para quien ha pasado días, meses e incluso años sin conseguir perdonar, el ejemplo de María y Assunta Goretti admira y desconcierta. ¿Cómo pudo esta joven perdonar inmediatamente y de corazón a quien le robaba la vida en plena floración? ¿Cómo fue capaz su madre, después de una pérdida semejante, recibir al asesino con dulzura, sin insultos, gritos ni resentimiento? Evidentemente, estamos en presencia de un don que nos supera, y al mismo tiempo, de una invitación a no claudicar en el camino del perdón.

El perdón, aún aquel que ofrecemos en medio de las más terribles circunstancias, es posible; como también es posible la vida de pureza y virginidad. No por casualidad María Goretti ha dado testimonio al mismo tiempo de ambas virtudes: la misericordia y la castidad.

El camino recorrido en un instante por la santa de Nettuno, puede exigir meses o incluso años de trabajo a otras personas, pero lo verdaderamente importante es que siempre se puede (si se quiere) salir de la prisión espiritual en la cual nos tiraniza el enojo y el resentimiento; y, por tanto, alcanzar la serenidad, la libertad y la paz.

Las páginas que siguen no son un tratado sobre el perdón[1] sino líneas sobre el proceso espiritual (y psicológico) del perdón (o, si se quiere, la terapia del perdón). El Dr. Richard Fitzgibbons, psiquiatra, y el Dr. Robert Enright, psicólogo, han demostrado que existe una aplicación exitosa de la terapia del perdón en áreas muy diversas: en desórdenes depresivos y de la ansiedad, en el abuso de sustancias adictivas y trastornos alimenticios, en problemas matrimoniales y familiares, en trastornos mentales y desórdenes de la personalidad, en problemas de la sexualidad, etc.[2] Esto pone al descubierto que el problema del rencor y del resentimiento es más serio de lo que se piensa y está en la base de muchos problemas espirituales, afectivos, psicológicos e, incluso, físicos.

Esperamos que estas páginas sean útiles a muchas personas.

---

[1] Nos hemos ocupado de este tema en otros lugares. Cf. Fuentes, M., *Educar los afectos*, San Rafael (2007), 143-151; Idem., *La trampa rota*, San Rafael (2008), 249-267.

[2] Cf. Enright R., *Forgiveness is a choice*, Washington (2005), 6ª ed.; Enright R., Fitzgibbons, R., *Helping Clients Forgive*, Washington (2005), 4ª ed.

2. PRECISIONES SOBRE EL RENCOR Y EL PERDÓN

Jamás podremos aprender a perdonar si no sabemos lo que es el perdón; tampoco si *creemos* saber lo que el perdón es, pero nuestro concepto dista mucho de la realidad. Consideramos que es necesario ayudar a que quienes sufren la dificultad de perdonar, comprendan la verdadera naturaleza del perdón, corrigiendo ideas erróneas. Es muy probable que esto no pueda lograrse completamente al iniciar el trabajo, sino sólo a medida en que el alma progrese en este camino.

1. Enojo bueno y enojo malo

En términos generales, la ira o enojo es un estado emocional interior que incluye, al mismo tiempo, sentimientos y pensamientos, y un estado exterior cuando se expresa en palabras y comportamientos particulares. Cuando una persona está enojada experimenta una excitación fisiológica y un dolor emotivo a causa de un trato injusto o de una frustración[3].

(a) Una cólera buena

Consideramos importante aclarar algo sobre el enojo: no siempre es malo. La ira es un movimiento de nuestra sensibilidad que reacciona ante el mal que la amenaza y se defiende de él con esta reacción. Al definirla como "deseo de venganza" la cargamos de connotaciones negativas, pero la expresión debe ser entendida en el sentido de "deseo de rechazar y castigar al agresor". En sí misma, pues, no es ni buena ni mala, sino que puede ser buena o mala, según que surja de un acto racional o de un impulso irracional, según cuál sea el objeto al que se dirija y según el modo

---

[3] Cf. Enright R., Fitzgibbons, R., *Helping Clients Forgive*, 15.

en que proceda. En consecuencia hay una ira o enojo bueno y una ira o enojo malo. Más aún, hay una ira que es virtuosa. Así, por ejemplo, Moisés se encoleriza contra los hebreos apóstatas de Dios: "Moisés se irritó contra ellos" (Ex 16,20); "Cuando Moisés llegó cerca del campamento y vio el becerro y las danzas, ardió en ira, arrojó de su mano las tablas y las hizo añicos al pie del monte... Aarón respondió: No se encienda la ira de mi señor. Tú mismo sabes que este pueblo es inclinado al mal" (Ex 32,19.22). Por el mismo motivo se alaba a Pinhas (Núm 25,11), a Elías que da muerte a los falsos profetas (1Re 18,40); a San Pablo en Atenas: "Mientras Pablo les esperaba en Atenas, estaba interiormente indignado al ver la ciudad llena de ídolos" (Hch 17,16). Los santos, frente a los ídolos, frente al pecado, están como Jeremías, "repletos de la ira de Yahveh" (Jer 6,11; 15,17).

Pero en estos casos, la ira recae sobre el pecado y no sobre el pecador, salvo cuando éste no acepta convertirse y se amalgama con su pecado. Por eso se dice que Dios "es tardo a la ira" (Ex 34,6; Is 48,9; Sal 103,8), mientras que su misericordia está siempre pronta para manifestarse (Jer 3,12). En Oseas dice: "No daré curso al ardor de mi cólera, no volveré a destruir a Efraím, porque soy Dios, no hombre; en medio de ti yo soy el Santo, y no vendré con ira" (Os 11,9)[4].

También Jesús manifiesta la ira. Él no se conduce como un estoico que no se altera jamás; por el contrario, impera con

---

[4] Las expresiones del Antiguo Testamento no pueden negarse. La cólera es atribuida a Dios: Is 30,27-33; Ez 20,33; etc. Sin embargo, estos términos han de entenderse en sentido metafórico, como explica Santo Tomás: "a veces la ira se atribuye a Dios por la semejanza del efecto" (Suma Teológica, I,59,4 ad 1). Es decir, el efecto de la ira humana es el castigo del que ha obrado mal; por ese mismo motivo el castigo que proviene de la justicia de Dios a raíz de los pecados de los hombres, es llamada por analogía "ira". El mismo Santo Tomás explica en otro lugar: "la ira nunca se dice propiamente de Dios, como si su principal intelecto incluyese pasión" (Suma Teológica, I,19,11). En la "Catena Áurea sobre San Mateo" dice citando a San Jerónimo: "Hay que notar que la ira se dice de Dios no en sentido propio sino translativo, pues se dice que se aíra cuando castiga" (Catena Áurea, cap. 22, lectio 1). Y en el comentario a este mismo capítulo de San Mateo explica: "Hay que hacer notar que cuando se atribuye ira a Dios, no significa perturbación del afecto, sino venganza: porque los airados suelen castigar, por eso, se llama ira al castigo" (In Matth., XXII,1). Y comentando la Carta a los Romanos: "No se dice que en Dios hay ira según la turbación del afecto sino según los efectos de su castigo" (cap. 9, lect. 4).

violencia a Satán (Mt 4,10: "Jesús le dijo: ¡Apártate, Satanás!"); a Pedro que lo quiere apartar de la cruz (Mt 16,23: "Dijo a Pedro: ¡Quítate de mi vista, Satanás!"); amenaza duramente a los demonios (Mc 1,25: "Jesús le conminó diciendo: Cállate y sal de él"), se encoleriza ante la astucia de los hombres (Jn 8,44: "Vosotros sois de vuestro padre el diablo y queréis cumplir los deseos de vuestro padre"), patea y arroja las mesas de los cambistas en el atrio del Templo (cf. Jn 2, 13-22), etc.

Esta ira, como todas las obras virtuosas, nace de una decisión racional, es decir, deliberada y sopesada. Nace del amor a la justicia y se desata a raíz del conocimiento del pecado que ofende a Dios, lesiona la justicia y pone en peligro la dignidad y la salvación del prójimo. Su fin es destruir el pecado y salvar al pecador y devolver, de esta manera, la gloria robada a Dios por el pecado. Su medida es la que dicta la razón como suficiente y necesaria para amedrentar al pecador haciéndole apartarse de su pecado; ni es mayor que eso, ni menor.

Son signos de ira ordenada el no nacer de la ofensa a uno mismo, el ser misericordiosa con el pecador y el apagarse o controlarse ante los primeros síntomas de conversión del pecador, es decir, *el apaciguarse naturalmente por medio del pronto perdón del ofensor y de las ofensas* y el no transformarse jamás en resentimiento o rencor.

(b) La ira desordenada y el resentimiento

Al contrario de la anterior, la ira desordenada surge de nuestras malas disposiciones y nos domina, esclaviza y oprime. Como toda mala pasión admite muchos grados que van de la impaciencia y el mal humor, hasta el furor (demencia pasajera), el odio implacable y el rencor, pasando por la irritación (arrebatos y gestos desordenados) y la violencia (que se manifiesta o en palabras o incluso en golpes).

(i) La ira tiene dos modos principales de desvirtuarse.

Ante todo cuando toma la forma de una reacción pronta y aguda. En este caso se la califica vulgarmente como "violencia". Este modo es más propio de los temperamentos coléricos y sanguíneos, aunque en los primeros tarda más en apagarse que en los últimos. Esta forma de ira se manifiesta enseguida al exterior, reacciona impetuosamente, vengándose inmediatamente por la herida u ofensa recibida. A su favor tiene que suele pasar rápidamente, y se calma con la misma velocidad con que se encendió. Pero suele ser a menudo injusta y desproporcionada, como toda reacción que es instintiva y no racional; ya sea porque se enoja con quien no debe (identificando equivocadamente al autor de la injuria), o del modo que no debe, o en el momento inconveniente. Cuando no actúa la razón y la prudencia, sólo se puede ser justo de modo casual.

Por otro lado, tenemos la ira amarga y difícil (como la llama Aristóteles), vulgarmente identificada como "rencor", "resentimiento", "encono", etc. A los dominados por ella se los llama "amargos", porque la ira les dura adentro largo tiempo y les quema como un reflujo estomacal, pero en el alma. "Amargados" los llama Santo Tomás; e indica, siguiendo a Gregorio Magno que es tal el modo en que hierve interiormente la ira concentrada, que les puede perturbar muchas veces hasta el habla. Por eso, los que están consumidos por la cólera a veces balbucean y no atinan a hablar correctamente. Es más propia de los melancólicos (y, hasta cierto punto, de los flemáticos), en quienes es como el hierro: tarda en calentarse, pero una vez puesto al rojo vivo, tarda en largar el calor y lo retiene mucho tiempo.

(ii) El rencor es como una úlcera interior del alma. No suele manifestarse en reacciones clamorosas, estrépito, golpes, desmanes (aunque no se excluye), por el contrario muchas veces carece de manifestaciones externas notables, fuera de la taciturnidad, el silencio, la dureza de expresión y concentración. Como un dispéptico, cuyo problema no es la difícil digestión de un alimento sino la indigestión de una ofensa o una herida.

Nace de un mal inferido, es decir, de una herida que no cierra ni cicatriza, y que, por sangrar constantemente, mana una corriente ácida sobre toda la psicología de la persona. La que mantiene abierta la herida es la memoria vivaz de la injuria o del mal recibido. Tanto la imaginación como la inteligencia alimentan muchas veces con creces el dolor, pues si se agranda la idea del mal que se ha recibido aumenta el dolor y la cólera retenida.

(iii) El mal que origina un rencor puede haber sido inferido con justicia, como el castigo que el juez o el superior impone al reo que ha delinquido. Pero muchas veces se trata de heridas injustamente recibidas: discriminaciones, golpes, abusos,

16

maltratos. Pueden ser muy profundos si han sido causados en la infancia, o si han dañado bienes tan delicados como la castidad, los lazos familiares, la confianza, etc. Hay casos en que la persona que causa el daño no es responsable de sus actos, sea porque *no tiene dominio* sobre sí (como los locos y los enfermos), sea porque estaba accidentalmente *fuera de sí* (como los borrachos y otros enfermos), sea porque gozando de plena lucidez *ignora* el daño que nos hace (como quien menciona algo que nos hiere, sin ninguna mala intención). Otras veces los puñales se clavan en nuestro corazón no por malicia de los demás sino por orgullo nuestro; así hay personas que se sienten muy humilladas por la virtud y talento ajeno.

De ahí que podamos hablar de heridas reales, justas e injustas, imaginarias e injustificadas (es decir, "desproporcionadas"). El niño que es abusado por un pariente sufre una *herida real y sumamente injusta*; el religioso que se siente lastimado por el castigo que un superior le ha impuesto por un delito grave, experimenta una *herida injustificada, procedente de una causa justa*; la esposa que se siente profundamente despreciada porque su distraído esposo ha olvidado felicitarla en su aniversario, padece una *herida desproporcionada, proveniente de un descuido difícil o fácil de justificar, según los casos*; la madre dolida por las incesantes suspicacias de su hijo paranoico, es torturada por *heridas reales pero involuntarias de parte del agresor*; la novia que está resentida por el desprecio que ella supone, sin fundamento alguno, de parte de la madre de su prometido, es atormentada por una *herida imaginaria*, etc.

Todas estas situaciones son muy diversas, pero tienen algo en común: la víctima del rencor, sea cual sea su causa, padece un sufrimiento terrible (que comparo a un reflujo ácido de la memoria) que puede desembocar, incluso, en la locura. "Max Scheler afirma que una persona resentida se intoxica a sí misma; el otro le ha herido y ahí se recluye, se instala y encapsula. Queda atrapada en el pasado. Da pábulo a su rencor con repeticiones del mismo acontecimiento. El resentimiento hace que las heridas se infecten en nuestro interior y ejerzan su influjo, creando una especie de malestar e insatisfacción generales. En consecuencia, uno no está a gusto, ni en su propia piel ni en ningún lugar. Los recuerdos amargos encienden de nuevo la cólera y llevan a depresiones. Al respecto, es muy ilustrativo el refrán chino que dice: el que busca venganza debe cavar dos fosas"[5].

(iv) Hay terrenos particulares que hacen propicio el resentimiento, como el carácter excesivamente susceptible, los sentimientos de inferioridad, los celos especialmente entre hermanos (que pueden llegar al "cainismo", es decir, a desear la muerte del propio hermano, y en casos extremos, conducen al fratricidio); el carácter iracundo, inmoderado, etc. También el espíritu demasiado tímido: el hombre fuerte reacciona con energía ante la agresión y automáticamente expulsa, como un cuerpo extraño, el agravio de su conciencia. El resentido puede ofrecer la otra mejilla después de la bofetada, pero no por virtud, sino para disimular su cobardía; su rencor se pondrá de manifiesto si algún día llega a ser fuerte o a tener mando social: en ese momento se cobrará sus deudas de forma cruel y tiránica, porque el resentido nunca considera suficientemente saldadas las deudas[6].

(v) Asimismo hay pecados y vicios que engendran resentimiento. El principal es el orgullo; nadie tiene mayor tendencia a resentirse que quien teme las humillaciones; consecuentemente, nadie está más protegido del rencor que el humilde. En particular señalemos una forma especial de orgullo: la desilusión o amargura respecto de alguna persona. Así, por ejemplo, quien ha puesto sus expectativas en el encumbramiento de un hijo (esperando verlo casado, con una profesión, exitoso, con un buen trabajo, o sacerdote, etc.) o de un esposo (ilusionándose con verlo en tal o cual puesto, honrado, sin vicios, trabajador, etc.) y de pronto ve sus sueños convertirse en ruinas (porque elige otra carrera, o porque desaprovecha un gran trabajo, porque se volvió vicioso, o por lo que sea), suele sentir nacer en su corazón un profundo rencor, muy difícil de resolver, como el Rey Lehar, de Shakespeare, respecto de su hija Cordelia: "Reniego del cariño paternal, parentesco y consanguinidad, y desde ahora te juzgo una extraña a mi ser y mi sentir. El bárbaro escita, o aquél que sacia el hambre devorando a su progenie, hallará en mi corazón tanta concordia, lástima y consuelo como tú, hija mía que fuiste. (*Dirigiéndose a Kent*) Tú calla, la quise de verdad y pensaba confiarme a sus tiernos cuidados. ¡Fuera de mi vista! Así como mi

---

[5] Burgraff, Jutta, *Aprender a perdonar*, en www.arvo.net.
[6] Cf. Marañón, G., *Tiberio. Historia de un resentimiento*, Buenos Aires (1939).

18

muerte será mi descanso, así le niego ahora el corazón de un padre".

Otro vicio que lleva al resentimiento es la envidia, madre de los celos. También la iracundia, como es obvio. Finalmente destaquemos el egoísmo que amortigua nuestra capacidad de conmovernos ante las miserias del prójimo y da origen a la dureza del corazón, a la apatía, a la indiferencia y a la obsesión consigo mismo.

El resentimiento nace de estos vicios, pero a su vez los alimenta. Mientras más crece el rencor, más se afianza el orgullo, la envidia, el egoísmo y la ira.

(vi) El resentimiento es difícil de curar, pero puede sanarse. El proceso varía según la causa que lo produce. Si nace de una herida desproporcionadamente más dolorosa que su causa (justa o, al menos, involuntaria), tal vez porque el agresor no fue responsable de sus actos por enfermedad, ignorancia, falta de lucidez, etc., o porque la herida —amargamente recibida y reiterada por nuestra memoria— fue en justo castigo por nuestros delitos, la solución es el *realismo humilde*. En el primer caso, hace falta más realismo que humildad, porque se trata de reconocer que no hay o no hubo voluntad de dañar. En el segundo, hace falta tanta humildad como realismo para reconocer que no hay injusticia alguna.

Cuando se trata de heridas reales y dolorosas y su causa fue injusta, hace falta trabajar el perdón generoso y sincero.

2. Definiendo el perdón

Comencemos con algunas precisiones:

(i) Ante todo, *el perdón es más que aceptar lo que sucedió*. El perdón va más allá de la simple aceptación. Uno podría aceptar una ofensa con el simple fin egoísta de "seguir adelante", y mantener, al mismo tiempo, una fría indiferencia hacia el otro.

(ii) *Es más que cesar en nuestro enojo*. Ésta es sólo una parte del proceso. Con el tiempo, el perdonador tendría que tener un cambio real de actitud hacia el ofensor.

(iii) *Es más que tener una actitud neutral hacia el otro*. Algunos creen que el perdón se reduce a no guardar resentimiento. Tal postura no es suficiente; el propósito del proceso del perdón es que el perdonador experimente pensamientos y sentimientos positivos hacia el ofensor. Por supuesto, esto puede llevar tiempo. La neutralidad, en este sentido, puede ser un gran paso en el proceso, pero nunca el desenlace definitivo.

(iv) *Y también es más que hacer algo para sentirnos bien.* No hay nada malo en sentirse bien. El perdón, de hecho, aumentará la salud emocional y el bienestar del perdonador. Mucha gente comienza el proceso del perdón justamente porque está cansada de sentirse mal y quiere sentirse mejor. Pero esto solo no alcanza y a menudo resulta contraproducente el haber centrado las esperanzas en un estado puramente sentimental.

(v) Por otra parte, es importante tener en cuenta que *perdonar no es excusar al ofensor o agresor.* La esposa injustamente golpeada puede excusar la violencia de su marido, echándose ella misma la culpa de haberlo provocado con sus palabras o acciones, aún cuando esto no sea verdad o no sea toda la verdad (como sucede en las personas codependientes). Esto desvirtúa el verdadero perdón, haciendo pensar que perdonar significa conformarse con ser una persona golpeada, usada o abusada, permitiendo que estas situaciones continúen sin solución. Pero no es así; perdonar significa admitir que lo que sucedió estuvo mal, y que no debería repetirse.

(vi) *Tampoco equivale a olvidar los malos recuerdos.* El perdón no produce amnesia; por el contrario, hay veces en que es necesario recordar particulares muy concretos de los eventos que nos han herido con el fin de sanar nuestra memoria. Sin embargo, si esto se hace bien, el perdón cambiará el modo en que recordamos el pasado: éste dejará de estar signado por la angustia, el temor, y la ansiedad.

(vii) *No es tampoco cuestión de calmar los nervios.* Alguien puede serenar el nerviosismo que le causan determinadas situaciones ingratas o injustas sin perdonar a los causantes de las mismas. Puedo aprender a dominar los nervios que me provoca el compañero que día a día me humilla con sus burlas, sin perdonarlo. Este dominio de nuestro carácter, o la capacidad de relajarme, es un paso importante para poder perdonar, pero no es el perdón.

(viii) *Tampoco es decir "te perdono"* cuando nuestras palabras de perdón suenan como desprecio, como hace el personaje de Alberto Blest Gana, en *Martín Rivas*: "¡Cobarde! te tengo lástima y te perdono". No hay perdón sincero cuando éste se convierte en un estoque tan hiriente como el desdén.

(ix) Finalmente, *tampoco se identifica, aunque se relaciona estrechamente, con la reconciliación.* El perdón es un paso en el proceso de la reconciliación, ya que ésta, sin el perdón, viene a convertirse en una simple tregua donde cada parte está buscando la oportunidad para reiniciar las hostilidades. La reconciliación real requerirá el perdón de ambas partes, ya que en muchos casos habrá daños en ambos lados. La reconciliación también requiere una confianza renovada, y a veces esto no es posible. La reconciliación también requiere que ambas partes estén preparadas para retomar la relación, y a veces sólo una de las partes está preparada para hacer este esfuerzo. De aquí que pueda suceder que alguien perdone sin reconciliarse (a veces porque la otra parte no quiere dar este paso), pero nunca podría reconciliarse de verdad sin perdonar. Si el ofensor permanece obstinado en su mal y no cambia, entonces la reconciliación es imposible.

(x) Positivamente hablando, el perdón es: 1° el abandono del resentimiento que tenemos hacia quien nos ha ofendido o herido injustamente; 2° la renuncia a la revancha a la que, siendo objetiva la injusticia de la herida, tenemos derecho según la justicia humana; 3° el esfuerzo en responder con benevolencia al agresor, es decir, con compasión, generosidad y amor.

Tal vez un ejemplo nos ayude a entendernos mejor. El señor de Anlezy, en un desgraciado accidente, disparó al barón de Chantal, quien murió después de una agonía cristiana. La baronesa viuda quedó destrozada con esta prematura muerte que la dejaba sola con cuatro pequeños hijos. Perdonar la imprudencia del asesino parecía superior a sus fuerzas, desgastadas por el infortunio y las lágrimas. Así estuvo cinco años. Al cabo de este tiempo, creyendo inevitable encontrarse con el matador, pidió consejo a quien se había convertido en su confesor, el obispo san Francisco de Sales. Éste le escribió lo siguiente: "Me pide que le aconseje cómo debe actuar en la entrevista con la persona que mató a su marido... No es preciso que busque ni el día ni la ocasión; pero si ésta se presenta quiero que muestre un corazón bondadoso, afectuoso y compasivo. Bien sé que, sin lugar a dudas, se emocionará y se derrumbará, que su sangre hervirá; pero ¿y qué? También le sucedió lo mismo a nuestro querido Salvador ante la visión de Lázaro muerto y de la representación de su Pasión. Sí, pero ¿qué dicen las Sagradas Escrituras? Que en uno y otro caso alzó la vista al cielo. Eso es, hija mía, Dios hace que vea en esas emociones hasta qué punto somos de carne, de hueso y de espíritu... Creo que me he explicado lo suficiente. Lo repito: no espero que vaya al encuentro de ese pobre hombre, sino que sea condescendiente con quienes quieran procurárselo...". La señora de Chantal obedeció y consintió en mantener una entrevista con el señor de Anlezy. Se mostró tan afectuosa como su corazón se lo permitía, pero la entrevista le resultó extremadamente penosa. La frase de perdón que salió de sus labios le costó un esfuerzo inimaginable. Pero, queriendo llegar más lejos en su propósito de perdonar, propuso al señor de Anlezy, que acaba de tener un hijo, llevar ella misma al recién nacido, como madrina, a la pila sagrada del bautismo. Así fue el perfecto perdón de las ofensas de quien llegó a ser Santa Juana de Chantal.

SEGUNDA PARTE

EL PROCESO DEL PERDÓN

Distinguimos diversos momentos en el proceso del perdón o curación del rencor: descubrir nuestros rencores y reconocer la ineficacia de los medios empleados hasta ahora para solucionar nuestro rencor; querer perdonar y alcanzar el perdón; finalmente, descubrir la libertad del perdón.

En los pasos que iremos señalando procederemos siguiendo siempre el mismo método que consiste en tres ejercicios: (a) primero presentaremos un texto, tomado de la Sagrada Escritura, para que lo reflexionemos durante un breve espacio de tiempo, y a su luz, pidamos a Dios la gracia de aprender a perdonar; considero este paso fundamental; (b) una explicación de los aspectos más importantes del proceso del perdón; (c) ciertos ejercicios personales que hay que realizar tomando nota en un *Cuaderno de trabajo* o *Cuaderno espiritual*. Este cuaderno es muy importante para nuestro trabajo, pues éste incluye una faceta de aprendizaje de nuevos conceptos o rectificación de ideas erróneas, lo que exige un ejercicio de atención, reflexión y objetivación que se realiza magníficamente al poner nuestras ideas por escrito. Además, sirve para que cada uno vea los adelantos, estancamientos o retrasos que se dan en su trabajo. A su vez, recomendamos que estas notas sean comentadas con alguna persona de confianza, en lo posible un sacerdote o, en su defecto, un psicólogo de recta formación o alguna persona instruida que quiera ayudarnos en este proceso.

I. DESCUBRIR LOS RENCORES

El primer paso en nuestro trabajo tiene como objetivo ayudarnos a reconocer nuestros rencores. No se trata de un trabajo superfluo, pues muchos de nuestros resentimientos no son tan evidentes como podemos suponer. La ira y el enojo propios, asustan a las personas o las humillan; por eso, uno trata instintivamente de ocultar o disfrazar los propios enojos. El hecho mismo de que nos sorprenda oír de algunos profesionales de la salud que la solución de ciertos problemas como la homosexualidad, el alcoholismo, la drogadicción o el desorden depresivo tienen que ver, entre otras cosas, con el resentimiento y que su curación exige un trabajo en el perdón, es probativo de que muchos resentimientos están protegidos debajo de capas insospechadas.

Estos primeros pasos apuntan, pues, a desenmascarar los rencores.

1. Mecanismos para evitar reconocer nuestro rencor

(a) Texto para considerar

"Dios dijo a Caín: '¿Por qué andas encolerizado, y por qué está abatido tu rostro? ¿No es cierto que si obras bien puedes llevar la frente alta? Pero, si no obras bien, a la puerta está el pecado acechando como fiera que te codicia, y a quien tienes que dominar'. Caín, dijo a su hermano Abel: 'Vamos afuera'. Y cuando estaban en el campo, se lanzó Caín contra su hermano Abel y lo mató. Dios dijo a Caín: '¿Dónde está tu hermano Abel?' Contestó: 'No sé. ¿Soy yo acaso el guarda de mi hermano?'"

(Génesis 4, 6-9).

(b) Doctrina fundamental

Existen distintos mecanismos para evitar reconocer o, al menos, enfrentar el rencor que se incuba en nuestro corazón. También podemos decir que los siguientes son mecanismos para manejar (desacertadamente) el rencor o el dolor que lo origina. En el fondo ninguno de ellos consigue realmente evitarlo o darle solución; tan sólo desvía el problema o lo reprime; de ahí que, tarde o temprano, emerja, sea en forma de rabia, violencia o en otro tipo de consecuencias.

(i) El primer modo de evitar encarar con sinceridad y claridad los enojos que llevamos clavados en el alma es *negar* los hechos: "en realidad nunca pasó nada". Si una situación hiriente nunca sucedió, tampoco debería existir la herida consecuente. El negar los hechos puede producir algún efecto saludable inmediato y temporal, pero efímero. Autoconvencernos de que no ha pasado nada no es grandeza de ánimo sino negación de la realidad. Jamás la negación de la realidad puede ser saludable. Si negar la realidad es una actitud enfermiza, no puede sustraerse de esta ley la negación de los hechos lamentables y nocivos. Dios no niega nuestros pecados, sino que los perdona; no dice "mi hijo jamás me abandonó", sino "alegrémonos, porque mi hijo estaba muerto y ha vuelto a la vida" (cf. Lc 15, 24).

(ii) Otro modo equivocado de sortear el amargo paso de reconocer y solucionar nuestra bronca, es *reinterpretar* los hechos. La *reinterpretación falsificadora* es un modo de negación: no se niegan los hechos pero se niega su auténtico significado. Reinterpretar no es "excusar"; san Pablo dice que "la caridad todo lo excusa" (1Co 13, 7); pero esto vale para aquellas cosas en que "objetivamente" podemos salvar la intención del prójimo (a lo que debemos estar inclinados, como dice San Ignacio: "todo buen cristiano ha de ser más pronto a salvar la proposición —intención— del próximo, que a condenarla"); pero cuando los hechos son claros y evidentes *no debemos manipularlos*; en tal caso, la actitud sana es perdonar: "si no la puede salvar", sigue diciendo San Ignacio reconociendo que a veces no puede interpretarse bien lo que inequívocamente está mal, "mire cómo la entiende, y, si mal la entiende, corríjale con amor; y si no basta, busque todos los medios convenientes para que, bien entendiéndola, se salve". "Corregir y salvar" a la persona, manda el santo; pero no *tergiversar* la verdad, que es un mal para el que yerra y para quien ha sido herido por los yerros ajenos.

(iii) Igualmente insano es el *reprimir* los recuerdos que nos dan rabia. Reprimir es una forma particular de olvidar; es una amnesia selectiva por la que se bloquean algunos aspectos de la realidad. Muchos terapeutas encuentran este mecanismo en personas que han sufrido abusos en la infancia. Los recuerdos quedan fragmentados, parcializados. Algunas personas aplican este mal mecanismo cuando aquellos que los hieren son personas muy cercanas a ellos; personas por quienes tienen muchas razones para no querer ser heridos. Por ejemplo, por un padre, un hermano, un tío, un maestro. El niño *quiere* que esas personas sean buenas, porque ha creado ya un gran afecto hacia ellas y no puede soportar la pérdida de ese afecto. Esto puede ocasionar que ciertos hechos degradantes vinculados con esa persona, que generan rechazo, dolor, resentimiento, son bloqueados, aunque sin total efectividad, pues ese dolor hecho resentimiento se encauza hacia otras áreas, por ejemplo, en forma de regresión afectiva o mental, timidez, autoagresión, violencia, ensimismamiento, etc. O también se produce como una "disociación" de la personalidad de la persona amada/odiada: es como si existieran dos personas distintas (una es el padre golpeador, afectivamente distante, etc., y otra es el padre bueno y ejemplar); de este modo nos encontramos con el fenómeno de que a veces nos habla de esta persona como si fuera un amigo, un héroe, un ser ideal, y otras como si fuera un enemigo, un despiadado, etc. Esto puede darse también en los adultos (por ejemplo, suele verse en esposas codependientes). Sin embargo, hay que tener mucho cuidado con el abuso de estas interpretaciones por parte de terapeutas superficiales, que suponen que cualquier trauma se deriva del bloqueo del recuerdo doloroso de abusos sufridos en la infancia; de este modo, se suscitan sospechas infundadas sobre las personas cercanas, a menudo inocentes.

(iv) Otro de los mecanismos con los que podemos intentar retraernos de enfrentar nuestro odio o encono es *transferir* la rabia a otras personas: en lugar de reconocer contra qué o contra quién estamos enojados, tratamos de justificarnos culpabilizando a personas ajenas al problema. A veces decimos de alguien que "descarga" sus broncas en quienes nada tienen que ver. La esposa traicionada por su cónyuge descarga su enojo sobre los hijos; la maestra a quien acaban de poner una multa en la calle, descarga su malhumor con los alumnos, etc. Esto puede ocurrir de modo esporádico, como en los ejemplos propuestos; o bien de modo permanente, como el niño que canaliza la rabia hacia el padre que lo ha abandonado siendo violento con su hermano menor, o el sacerdote que está desencantado del modo en que lleva su vida consagrada se muestra siempre descontento y quejoso con los feligreses que lo rodean. Este modo de *transferir* el resentimiento de los verdaderos culpables a personas inocentes, hace que el rencor se transmita a veces de generación en generación.

(v) También se esquiva enfrentar el resentimiento, reaccionando por medio de una *regresión* o involución en la madurez. Esto lo vemos en los adultos que reaccionan ante los problemas que los enojan como lo harían los adolescentes o los niños: con un berrinche infantil, con una rebeldía juvenil, con la escabullida propia de un adolescente.

(vi) Por último se puede señalar entre los modos de manejar equivocadamente el resentimiento causado por dramáticas vivencias, el *imitar la conducta del que abusó de nosotros*. Es común descubrir que muchos abusadores de menores han sido ellos mismos, cuando niños, abusados por mayores, o también que personas golpeadoras han sido en su infancia maltratados por sus padres o tutores. Análogamente, algunas mujeres que fueron violadas en su infancia o adolescencia, al llegar a la adultez, se vuelven adictas al sexo con una conducta que tiene que ver más con una autopunición de la propia dignidad que con el deseo sexual. La *identificación* con las conductas que los han hecho sufrir a ellos puede admitir distintas explicaciones; quizá sea un modo de descargar en otro (a modo de *transferencia*) los sentimientos de frustración y bronca vividos en su propio dolor y humillación; quizá sea éste un modo patológico de intentar buscar una explicación al miedo y vergüenza padecidos en carne propia. En fin, pueden darse otras interpretaciones; pero en todos los casos hay un denominador común: estas personas no perdonaron a sus agresores, o no se perdonaron a sí mismas, o no perdonaron a Dios por haber permitido lo que sucedió.

Como vamos a repetir una y otra vez, el resentimiento sólo puede ser solucionado si se lo enfrenta con claridad y se lo anula a través del perdón.

(c) Reflexiones personales

A la luz de lo dicho, respondamos a las siguientes preguntas, anotándolas en nuestro *Cuaderno de trabajo*:

1) En mi vida pasada ¿he evitado reconocer que tengo rencores?

2) ¿He negado ser rencoroso o estar resentido con alguien de alguna de las maneras arriba expuestas?

3) ¿Tergiverso los hechos pasados, los manipulo o los reprimo?; ¿he descargado sobre otros las broncas que tal vez llevo dentro del alma?; ¿me he descubierto realizando, sobre personas inocentes los mismos errores o las mismas conductas con que otros me han hecho sufrir a mí?

4) En la actualidad ¿escondo de mi propia conciencia algún rencor?

5) ¿Me descubro intentando convencerme de que no soy un resentido o una persona rencorosa?

6) Esta actitud, ¿afecta de algún modo mi persona?

2. Reconocer los rencores

(a) Texto para considerar

"Trajeron ante Jesús un paralítico postrado en una camilla. Viendo Jesús la fe de los que lo traían, dijo al paralítico: '¡Ánimo!, hijo, tus pecados te son perdonados'. Pero al oír esto algunos escribas dijeron para sí: 'Éste está blasfemando'. Jesús, conociendo sus pensamientos, dijo: '¿Por qué pensáis mal en vuestros corazones? ¿Qué es más fácil, decir: Tus pecados te son perdonados, o decir: Levántate y camina? Pues para que sepáis que el Hijo del hombre tiene en la tierra poder de perdonar pecados —dice entonces dirigiéndose al paralítico—: Levántate, toma tu camilla y vete a tu casa'. El que era paralítico se levantó y se fue a su casa"

(Mateo 9, 2-7).

(b) Doctrina fundamental

Si tenemos rencores, es necesario reconocerlos y evaluarlos objetivamente. Esto no siempre es fácil, pues a menudo las personas no quieren reconocer este aspecto humillante de su personalidad. Ser resentido o rencoroso no es una buena cualidad; pero no es posible adquirir la cualidad contraria (la paz con nosotros mismos y con nuestro prójimo) a menos de reconocer la naturaleza y exacta dimensión de nuestros enojos.

Algunas veces el rencor es fácil de identificar. Hay personas que saben exactamente con quién y por qué están enojadas, y saben cuán enojadas están.

Pero a menudo los rencores no son plenamente conscientes. En estos casos se dejan ver por sus síntomas. El rencor se deja ver, *entre otras cosas*, en:

• La envidia y los celos: estos sentimientos suelen acompañar al resentimiento; el resentido generalmente es envidioso y se entristece por el éxito de aquellos a quienes malquiere.

• La difamación y la calumnia: son instrumentos del resentimiento y del odio.

• La queja constante, la murmuración y la protesta: manifiestan de forma abierta o encubierta, la hostilidad hacia los demás.

• La disconformidad con todo: el eterno desagrado con las cosas, actuaciones u órdenes que provienen de una persona (por lo general, de superiores o de personas revestidas de autoridad) es signo patente de descontento y animosidad.

• La propensión a encontrar siempre defectos en ciertas cosas o personas: hay quienes no pueden escuchar elogios sobre ciertos prójimos sin hacer notar defectos, conocidos o desconocidos, que empañan el brillo que se está dando a esas personas; es éste un signo claro de envidia y ojeriza.

• La intolerancia.

• La culpación, es decir, el acusar a los demás de todo lo que sale mal, de todos los fracasos, incluso cuando es evidente que la responsabilidad cae sobre nosotros mismos. .

• Las actitudes agresivas pasivas, es decir, la agresión de sí mismo en forma de dejadez, abandono, despreocupación, sentido de inutilidad, desprecio de sí mismo, etc.

• Las actitudes agresivas activas, es decir, la violencia verbal, física o psicológica, el maltrato de los demás, la venganza, etc.

• Los recuerdos amargos ligados a personas o cosas: cuando la memoria de una persona o de ciertos episodios vividos siempre se acompañan de un sabor agrio y de desazón, es señal que mantenemos nuestras cuentas pendientes por ofensas del pasado.

• La facilidad para castigar, la falta de misericordia, la dificultad para olvidar o para perdonar.

• La desproporción en las correcciones y represiones por culpas objetivas pero no tan graves (que manifiestan un cierto espíritu de revancha de parte del que corrige).

• El evitar el trato de ciertas personas, el mutismo ante algunos, las miradas duras, los gestos petrificados, la crispación de los nervios en presencia de determinados personajes, etc.

• También señalemos la vergüenza y el sentimiento de culpa, relacionados con ciertos actos del pasado, cuando estos afectos son muy intensos y tienden a abatirnos; en este caso, es posible que guardemos mucha rabia contra nosotros mismos, por sentirnos culpables de ciertos fracasos, pecados, ruinas personales o ajenas, etc.

Cuando observamos este tipo de actitudes en nuestra propia vida, debemos tomar conciencia de que tenemos iras encubiertas, rencores inconfesos, etc. En tal caso es necesario ser sinceros con nosotros mismos y tratar de determinar:

(i) Determinación personal: ¿contra quién guardo rencor? Sólo hay tres posibles objetos del rencor:

• El primero es el prójimo: una persona que nos ha herido, humillado, abandonado. Mientras más cercana sea esa persona, más grande es el dolor cuando nos hiere (Sir 37, 2: "¿No es para uno una mortal tristeza cuando un compañero o amigo se vuelve enemigo?"; Sal 55, 13-15: "Si fuese un enemigo quien me ultrajara, podría soportarlo; si el que me odia se alzara contra mí, me escondería de él. ¡Pero tú, un hombre de mi rango, mi compañero, mi íntimo, con quien me unía una dulce intimidad, en la Casa de Dios!"). En estos casos más grande puede ser el rencor. Puede ser más fácil perdonar una grosería de un extraño, que la descortesía de un familiar; a veces duran menos los desacuerdos entre vecinos que entre esposos.

- En segundo lugar, el objeto del odio, puede ser uno mismo. Quizá no se perdona *algo que uno ha hecho*. Es común este sentimiento de odio hacia sí mismas en las mujeres que han abortado. Del testimonio de una de ellas extracto estas líneas: "La depresión comenzó desde que me realicé el aborto. A veces lloraba con sentimiento, era algo normal, no el dolor que siento ahora que explota dentro de mí, lo recordaba con melancolía y no como ahora que se ha convertido en una sombra en mi vida, algo que opaca mi felicidad, que me ha matado en vida, que me quitó la alegría de vivir, que lo cargo en mi conciencia y que no puedo perdonarme (...) Mi nombre es Lorena y de verdad necesito ayuda para acabar con este odio que siento por mi persona". También se puede sentir mucho odio *por haber dejado pasar la oportunidad de hacer algo*: por ejemplo, de hacer algo para salvar un matrimonio, de intentar impedir un suicidio de un ser amado, de consolar a quien estaba angustiado, o por no haber expresado amor a un ser querido que ya no tenemos porque ha fallecido (¡cuántos se lamentan tardíamente de no haber sido cariñosos con sus padres, o agradecidos con ellos!). También puede haber rencor contra sí mismo *por no haber sido capaz de impedir algo*; esto se ve en muchas personas que han sido abusadas y violentadas sexualmente: piensan que quizá ellas podrían haber evitado ese hecho, huyendo, gritando, no estando en ese lugar en aquel momento, etc., y no pueden perdonarse su actitud. Muchas de las conductas destructivas de la persona son consecuencia de un profundo rencor contra sí mismo: la drogadicción, el alcoholismo, la anorexia y la bulimia, la adicción sexual, etc.

- Finalmente, también puede haber resentimiento con Dios. Hay muchas personas que culpan a Dios. Como escribe Élie Wiesel, en "La Noche", al relatar la ejecución de un niño en un campo de concentración durante la Segunda Guerra: "¿Dónde está el buen Dios, dónde? —preguntó alguien detrás de mí... Al cabo de más de media hora seguía colgado, luchando entre la vida y la muerte, agonizando bajo nuestra mirada. Y tuvimos que mirarle a la cara. Cuando pasé frente a él seguía todavía vivo. Su lengua seguía roja, y su mirada no se había extinguido. Escuché al mismo hombre detrás de mí: —¿Dónde está Dios?". Culpamos a Dios por no habernos ayudado, por no haber impedido el mal que otros nos han hecho; incluso por no haber impedido que nosotros hiciéramos el mal. Hay una enorme injusticia con Dios detrás de todo este pensamiento. Más adelante hablaremos del sentido del dolor. Por ahora sólo constatemos que en muchos casos la persona que se ha enojado con Dios, es decir con la *imagen equivocada de Dios* que se ha forjado en su corazón, debe también perdonar a Dios, rectificando su imagen, descubriendo su rostro de Padre.

(ii) Determinación moral: ¿se trata de un enojo bueno o malo? Recordemos lo que dijimos al principio: no toda ira es desordenada; hay una ira buena, controlada, proporcionada, dirigida a un objeto de suyo malo, y siempre manejada por la razón. El enojo de un padre con un hijo malcriado, mientras se ordene a corregirlo proporcionada, prudente, equilibradamente, sin dejar de estar pronto al perdón, es algo bueno. El enfado contra nuestra tibieza espiritual, la incomodidad con nuestros pecados, mientras nos lleve a cambiar de vida, a reconciliarnos con Dios, a reparar nuestros yerros y daños, es algo bueno y necesario para la santidad, etc. La ira ante el enemigo que intenta quitarnos la vida, o que pisotea la justicia, mientras se alce para restablecer el orden, para repeler al agresor, es necesaria para la paz, para el orden y para la justicia. Pero cuando estas emociones se desmadran, se vuelven desproporcionadas, empujan a la venganza, desconocen el perdón, se transforman en berrinches infantiles, o tienden a establecerse de modo permanente en el corazón, etc., estamos ante una ira desordenada que fácilmente se transforma en rencor, en resentimiento. Téngase siempre en cuenta esa distinción, *aunque cuando nosotros hablemos, en este estudio, de la cólera o ira normalmente nos referimos a la forma desordenada y nociva de esta pasión; por eso usamos preferentemente expresiones negativas como resentimiento o rencor.*

(iii) Determinación cualitativa: ¿exactamente cuáles son las heridas que incrimino a esas personas, en qué medida me afectaron, qué daños puntuales me causaron?

(iv) Determinación circunstancial: ¿cuándo y cómo me fueron inferidas?

(v) Determinación objetiva: ¿qué pruebas claras tengo para responsabilizar a tales personas de dichas ofensas? ¿No pueden explicarse de alguna otra manera tales problemas o heridas sin acusar a tales personas?

(c) Reflexiones personales

A la luz de lo dicho, respondamos a las siguientes preguntas, anotándolas en nuestro *Cuaderno de trabajo*:

1) ¿He observado en mi vida pasada alguno de los comportamientos arriba indicados? ¿Cuáles?

2) ¿Soy consciente de que esos comportamientos (envidia, quejas, murmuraciones, pataleo, agresividad, intolerancia, amargura, etc.) manifiestan resentimiento o ira interior? ¿O más bien, reconozco esas actitudes pero niego que "en mi caso" provengan del rencor?

3) ¿Contra quién guardo rencor? En algunos casos puntuales, este trabajo exige un ejercicio incluso gráfico. Propongo el siguiente, que vamos a llamar "el círculo de los recuerdos dolorosos": *dibuje un gran círculo en una hoja en blanco; dentro de él escriba las iniciales de aquellas personas que considere que lo han herido más seriamente; en torno de cada una de esas iniciales, escriba las heridas que juzgue que esa persona le ha causado.* Conservemos este trabajo.

4) ¿Soy objetivo respecto de las heridas y ofensas que pienso haber recibido? *Tomando nuevamente el círculo donde están los nombres de las personas que me han lastimado y la lista de las principales lastimaduras que creo haber recibido, analicemos,* delante de Dios y pidiendo que Él nos guíe e ilumine, *si realmente puedo considerarme seguro de poder acusar a esa persona de las culpas que le atribuyo. Si descubro cosas que corregir (nombres o heridas que tachar porque realmente no tengo certeza de que tal o cual persona sea culpable), hagámoslo ahora.* Sigamos luego conservando este trabajo corregido.

5) Al pensar en las personas que consideramos que nos han ofendido o causado grandes males, observemos cuáles son los sentimientos que se despiertan en nosotros, las ideas que nos bullen y las palabras que se nos vienen a la cabeza o a la boca. Anotemos todo esto y tratemos de identificar bien los distintos

sentimientos que en nosotros se relacionan con el dolor y la humillación.

3. Reconocer las consecuencias del rencor

(a) Texto para considerar

"Le dijo Dios a Caín: '¿Qué has hecho? Se oye la sangre de tu hermano clamar a mí desde el suelo. Pues bien: maldito seas, lejos de este suelo que abrió su boca para recibir de tu mano la sangre de tu hermano. Aunque labres el suelo, no te dará más su fruto. Vagabundo y errante serás en la tierra'. Entonces Caín dijo a Dios: 'Mi culpa es demasiado grande para soportarla. Hoy me echas de este suelo y he de esconderme de tu presencia, convertido en vagabundo errante por la tierra, y cualquiera que me encuentre me matará'"

(Génesis 4, 10-14).

(b) Doctrina fundamental

El rencor deja huellas profundas en la persona y consecuencias a menudo graves. Esto puede ocurrir en muchos órdenes.

(i) El rencor produce, indudablemente, *consecuencias psicológicas*. Éstas son de varios órdenes. (1) Es una de ellas, por ejemplo, la *obsesión con el daño sufrido o la obsesión con la persona que nos ha ofendido*. Es frecuente que quienes están resentidos con una persona revuelvan constantemente en su memoria el recuerdo de la ofensa, incluso cuando ya no quieren pensar más en eso reaparece aún en sueños y pesadillas, renovando la animosidad y angustia vivida: "no podía dejar de pensar, al contrario, imágenes y voces fluían incontenibles, fustigándome y atormentándome, convirtiendo mi huida en un vía crucis mental" (de un cuento de Ednodio Quintero). (2) Se asocia también con la *vergüenza*; la vergüenza muchas veces produce rabia contra la persona que nos ultraja (por ejemplo, contra el violador sexual), pero, a su vez, esta rabia incrusta más en la memoria el recuerdo de lo sucedido renovando vivamente la vergüenza sufrida y el miedo y vergüenza a que los demás sepan lo que nos ha ocurrido. (3) También la *culpa*; porque a menudo los arrebatos de intensa cólera son seguidos de un sentimiento de culpa y frustración muy intensos. (4) Del resentimiento se sigue también como consecuencia la *justificación* o *reivindicación* del mismo; todas las pasiones tienden a buscar justificativos de sí mismas; el resentimiento, al ser una pasión humillante de la persona, tiene más motivos para hallar "razones" que justifiquen nuestro enojo: "¿acaso no tengo razón para enojarme?"; pero esto lleva a menudo a tergiversar los hechos, a exagerarlos, y a cargar las tintas, todo lo cual implica una deformación de la realidad. (5) Se ha estudiado también la relación estrecha entre el resentimiento y los desórdenes depresivos y los desórdenes de la ansiedad como hemos mencionado anteriormente[7].

(ii) El rencor también ocasiona *consecuencias en el comportamiento y en la vida social.* (1) Vuelve a la persona retraída, aislada, solitaria. (2) A menudo desune las familias, distancia a los seres queridos, produce separaciones y divorcios, enemista a quienes fueron amigos, produce altercados. (3) Tiene consecuencias sociales negativas: pérdida del trabajo, disminución en el rendimiento laboral, suscita violencias, desmanes, altercados, etc. (4) Produce comportamientos nocivos en la vida sexual: lleva a humillar al cónyuge negándose a la relación sexual cuando el otro lo pide o lo necesita (hay esposas que son frígidas por resentimiento), así como empuja a abochornar al cónyuge en la forma en que se realiza el acto sexual (sin cariño, brutalmente, pidiendo comportamientos contra la naturaleza, causando daño físico, etc.).

(iii) También produce *consecuencias físicas.* (1) La relación entre el resentimiento y los desórdenes adictivos es muy estrecha. Dicen, por ejemplo Enright y Fitzgibbons refiriéndose al alcoholismo y a las drogas: "el abuso de sustancias es un desorden serio, regularmente asociado a mucho rencor"[8]. Y más adelante: "Los estudios apoyan la experiencia clínica de muchos terapeutas... Se ha demostrado, por ejemplo, que los desórdenes de conducta en adolescentes preceden por muchos años al abuso del alcohol y de las drogas. Los niveles de odio y violencia en los consumidores de sustancias es más alto que el que se halla en la población en general"[9]. Esto quiere decir, que el resentimiento y la violencia empujan a conductas adictivas. (2) El rencor, como el odio,

---

[7] Cf. Enright R., Fitzgibbons, R., *Helping Clients Forgive*, 114-116; 136-138.
[8] Enright R., Fitzgibbons, R., *Helping Clients Forgive*, 155 (cf. 155-168).
[9] Ibidem, 156.

también puede originar conductas autoagresivas como la anorexia y la bulimia nerviosa, causadas, a menudo, por problemas de resentimiento contra sí mismo, contra la familia o contra los compañeros, como señalan especialistas[10]. (3) Algunos autores mencionan otro tipo de consecuencias físicas[11]; por ejemplo problemas motrices e incluso parálisis, como espejo físico de la entumecimiento psicológico que produce la bronca; ciertas formas de diabetes, trastornos hepáticos (solemos decir que los disgustos nos caen mal al hígado), también ciertos casos de urticaria, prurito, soriasis, hipertensión, impotencia sexual, etc. Al respecto escribe un autor: "Recuerdo a un muchacho joven, cuyos huesos se le iban deformando, como retorciendo, por artritis reumatoidea; al parecer era, por lo menos para él, una enfermedad psicosomática, puesto que al descubrir sus resentimientos y disolverlos, el proceso de la enfermedad se detuvo para siempre y sus movimientos musculares fueron más armónicos; como lo pudieron comprobar numerosos testigos a través de largos años. Tenemos muchos otros ejemplos de músculos contrahechos, huesos deformados, provocados por la misma causa: resentimiento, que es, en definitiva, resentimiento contra uno mismo"[12].

(iv) Entre las *consecuencias espirituales* del rencor recordemos: (1) Vuelve ciegas a las personas, las hace vengativas, endurece sus corazones, destruye la misericordia, aleja el alma de Dios, llena de amargura espiritual, las asemeja al demonio, las empuja al crimen, es madre de numerosas injusticias. (2) La literatura cristiana hace de la ira un "vicio capital", y señala que de él nacen numerosos pecados, entre los cuales, cabe señalar principalmente la indignación, la hinchazón de la mente (pensando en los medios de vengarse), el griterío, la blasfemia, la injuria, y la riña.

Entre este tipo de consecuencias señalemos una a la que daríamos por nombre "retroalimentación del sufrimiento". Es el caso de aquellos resentidos que, de alguna manera, "gozan" sufriendo, porque usan sus dolores como un medio de vengarse de los que los han ofendido; llegan, incluso, a agudizar sus

---

[10] Cf. Ibidem, 215-223.

[11] Cf. Cuadro Moreno, Osvaldo, *Los cuatro cocodrilos del alma*, Lima (2005), 141-142; Irala, N., *Control cerebral y emocional*, Buenos Aires (1994), 211-223.

[12] Cuadro Moreno, Osvaldo, *Los cuatro cocodrilos del alma*, 111-112.

sufrimientos (y a veces, si pudieran, se dejarían morir, en una suerte de "suicidio vengativo") para hacer sentir remordimientos a quien los ha herido; es como si dijeran: "¡Mira!, de cuánto dolor eres causa", "no te olvides que sufro por tu culpa". A veces hasta evitan curarse o prefieren no mejorar de sus dolencias, porque esto sería aliviar la conciencia del injuriador. De ahí que termina convirtiéndose en un sadomasoquismo: una mezcla de gozo en sufrir y de gozo en hacer sufrir a los autores de nuestro sufrimiento. Realmente se trata de una mente retorcida, pero más común de lo que imaginamos.

(v) Finalmente, mencionemos lo que podemos llamar sus *consecuencias cognitivas*; es decir, perturba la idea que tenemos del mundo, de Dios y de nosotros mismos. El resentimiento produce una concepción pesimista e injusta del mundo y del prójimo, hace incomprensible la paternidad divina y su misericordia, se acusa a Dios del mal y del dolor, se tiene una imagen de sí mismo rebajada, degradante, etc.

De todo esto, se comprende que para poder trabajar adecuadamente en el perdón, sea necesario que conozcamos las posibles consecuencias que el resentimiento ha dejado en nosotros.

(c) Reflexiones personales

A la luz de lo dicho, respondamos a las siguientes preguntas, anotándolas en nuestro *Cuaderno de trabajo*:

1) ¿El resentimiento ha dejado en mí alguna de las consecuencias psicológicas arriba indicadas?

2) ¿Ha producido cambios negativos en mi vida, en mi comportamiento, en mis hábitos?

3) ¿He perdido amigos, a causa del resentimiento, del enojo, de pendencias o altercados?

4) ¿El rencor ha causado estragos en mi familia, divisiones, antagonismos, distanciamientos, separaciones?

5) ¿Soy consciente de que al enojarme puedo terminar por cometer injusticias más grandes que las de mi ofensor? ¿Acaso no ha sucedido así muchas veces?

6) ¿Tengo una concepción resentida del prójimo o del mundo? ¿Culpo a Dios de los males de mi vida? ¿Me considero un fracasado, un inútil, un "bueno para nada"?

7) ¿He atentado positivamente contra mi salud o contra mi vida? ¿Abandono el cuidado prudente y normal de mi salud?

8) ¿Cargo problemas espirituales a causa del resentimiento (sentimiento de culpa, pecados, blasfemias, animosidad contra Dios, etc.)?

9) Preguntémonos también: ¿Tengo algunos de los problemas que acabamos de indicar? ¿Percibo algunos de estos síntomas pero pienso que en mi caso no están relacionados con el resentimiento? ¿Estoy tan seguro de que no hay rencores que hasta ahora no he solucionado con el perdón? ¿No estaré, quizá, queriendo "no ver" la relación entre mis problemas y la falta de perdón a tal o cual persona, o a tal o cual fracaso de mi vida?

10) Hagamos una oración a Dios pidiendo luz para aclarar nuestro corazón.

4. Lo que no funciona

(a) Texto para considerar

"Quien tira una piedra al aire, sobre su propia cabeza la tira, el golpe a traición devuelve heridas. Quien cava una fosa, caerá en ella, quien tiende una red, en ella quedará preso. Quien hace el mal, lo verá caer sobre sí sin saber de dónde le viene... Rencor e ira son también abominables, esa es la propiedad del pecador. El que se venga, sufrirá venganza del Señor, que cuenta exacta llevará de sus pecados"

(Sir 27, 25-27.30; 28, 1).

(b) Doctrina fundamental

Algunos psicoterapeutas han propuesto métodos que son insuficientes o, inclusive, equivocados, para solucionar el problema del rencor y la ira.

(i) Hay quienes sugieren sepultar (es decir, dejar completamente de lado o ignorar) los problemas pasados o

El PROCESO DEL PERDÓN

presentes, dedicándose, de ahora en más, sólo al futuro. En algún caso esto puede funcionar accidentalmente, pero la experiencia demuestra que a menudo los problemas siguen atormentando a la persona desde su subconsciente. Es como una espina clavada en el pie: es verdad que hay veces en que el organismo la reabsorbe y es mejor no intentar excavar para sacarla; pero hay otras veces en que la única solución es la extracción, aunque duela.

(ii) Creo que más equivocada aún es la falsa solución de la terapia psicoanalista (y de otros métodos de terapia) que al ver que algunas enfermedades (por ejemplo, ciertas depresiones) tienen como causa una ira dirigida hacia adentro, hacia uno mismo, animan a volcarla hacia afuera, dando rienda suelta al enojo, "descargándose", creyendo que así solucionarán el problema. "Maldecir en el trabajo reduce el estrés", leí en un titular hace tiempo. De este modo lo único que puede lograrse es que la persona enojada agote sus energías pataleando, gritando y rompiendo los objetos que tiene a su alrededor. Pero no es creíble que esto solucione de raíz sus problemas. Por el contrario, es claro que lleva a la persona a cometer injusticias, enconar divisiones, causa remordimientos. Esta falsa solución deja a la persona a merced de sus pasiones y sujeta a la esclavitud de los arranques de ira que se van haciendo un arraigado hábito a medida que estas "explosiones" se suceden. Además, no es una solución que encontremos en el Evangelio.

(iii) El único camino para solucionar de raíz el resentimiento es el perdón cristiano. Como señalan reconocidos terapeutas, la experiencia del trabajo en el perdón ha manifestado clínicamente numerosos frutos que no se encuentran fácilmente en otros métodos; por ejemplo: la disminución de los síntomas depresivos, el descenso de la ansiedad, el aumento de la esperanza, el mejoramiento de la autoestima, la reducción de la obsesión o preocupación con la persona que nos ha ofendido o perjudicado; además también se señalan: mayor estabilidad en el ánimo, menor conducta impulsiva, crecimiento de la capacidad para controlar los sentimientos de ira y menor reacción ante las ofensas[13]. Y, por encima de todo, el perdón nos configura con Jesucristo, el Gran Perdonador.

---

[13] Cf. Enright R., Fitzgibbons, R., *Helping Clients Forgive*, 16.

(c) Reflexiones personales

A la luz de lo dicho, respondamos a las siguientes preguntas, anotándolas en nuestro *Cuaderno de trabajo*:

1) ¿Soy consciente de que hasta ahora nada fuera del perdón ha solucionado mis problemas de resentimiento?

2) En mi experiencia pasada, ¿he expresado mis broncas a través de la violencia, o de los gritos, o berrinches, o golpes, etc.? ¿Cuáles han sido los resultados? ¿Se han solucionado las cosas o, por el contrario, han surgido nuevos problemas, he causado más enojos, he quedado más esclavizado a los impulsos de la cólera, etc.?

3) En caso de haberme dejado llevar por mis impulsos, ¿eso me ha traído posteriores sentimientos de vergüenza, de culpa, mayor encierro en mí mismo, etc.?

4) Pedir a Jesucristo la gracia de reconocer el fracaso de todo método que no sea el perdón sincero.

2. QUERER PERDONAR

1. Sondeando nuestra voluntad

(a) Texto para considerar

"Vosotros, pues, orad así: Padre nuestro que estás en los cielos, santificado sea tu Nombre; venga tu Reino; hágase tu Voluntad así en la tierra como en el cielo. Nuestro pan cotidiano dánosle hoy; *y perdónanos nuestras deudas, así como nosotros hemos perdonado a nuestros deudores;* y no nos dejes caer en tentación, mas líbranos del mal. *Porque si vosotros perdonáis a los hombres sus ofensas, vuestro Padre celestial también os perdonará a vosotros; pero si no perdonáis a los hombres, tampoco vuestro Padre perdonará vuestras ofensas"*

(Mateo 6, 9-15).

¡La petición del perdón fue la única ampliada y explicada por Jesucristo!

(b) Doctrina fundamental

Después de haber leído los puntos anteriores y de haber realizado los trabajos que hemos sugerido, cabe preguntarnos por el *estado de nuestra voluntad* en este momento de nuestro itinerario. Si hemos reconocido ciertos rencores y resentimientos, ¿queremos resolverlos *eficaz* y *definitivamente*? ¡Sólo el perdón puede hacerlo! Pero, ¿quiero perdonar?, o, por lo menos, ¿estoy dispuesto a dar los pasos que pueden llevarme al perdón de mis ofensores, o de quien considero que me ha herido?

Hay personas que prefieren vivir esclavas de su rencor. Antonio Podestá puso en boca del resentido moribundo aquellas palabras, amargas y blasfemas: "Yo quiero morir conmigo, / sin confesión y sin Dios, / crucificao en mis penas / como abrazao a un rencor".

No hay peor ciego que quien no quiere ver, ni hay peor sordo que el que no está dispuesto a oír; tampoco hay peor esclavo que el que quiere vivir encadenado a su rabia, masticando su furor. Estos se hacen responsables del infierno que viven ya en esta vida temporal y del que pueden estar preparando para la eternidad. No olvidemos que Dante, como buen cristiano, describe más de un lugar de su Infierno para los esclavos de estas pasiones: el círculo de los iracundos y rencorosos y el círculo de los violentos. La sociedad de su tiempo, acostumbrada a los odios y venganzas violentas, sabía, sin embargo, que esta pasión compromete la salvación del alma.

¿Puede cambiar una voluntad que ha vivido muchos años en el resentimiento? ¡Puede!

¿Se pueden perdonar heridas tan graves como la muerte injusta de los seres amados? ¡Se puede!

En este tema, la vida real puede ser más ilustrativa que los principios abstractos. La siguiente historia fue contada por un misionero en China; transcurrió en un pueblo chino después de una sangrienta persecución contra los cristianos[14]. "El día de la masacre, cuenta el misionero, pereció una familia entera de ocho personas, salvo los dos ancianos que estaban ausentes. Tras la tormenta de sangre, cuando los sobrevivientes consiguieron llegar a la choza, ésta se encontraba vacía. El anciano abuelo creyó volverse loco. Corría por las calles del pueblo, con ojos aterrados, buscando a sus hijos y a sus nietos. Tan grande fue su conmoción que conservó un temblor nervioso hasta la muerte.

El hecho de que el asesino de su familia fuera uno de sus antiguos alumnos, especialmente estimado con respecto a los demás, y a quien había hecho muchos favores, lo hacía estar fuera de sí, pareciéndole el crimen aún más horrendo. Al enterarse del regreso de los cristianos, el criminal había huido, considerando que el primero en encontrarlo no podía hacer otra cosa sino matarlo.

Un día, cinco meses después de aquello y encontrándome en el pueblo, el catequista, guía de los cristianos, acudió a mí:

—Padre, tengo una mala noticia: el asesino pide que se le permita entrar en el pueblo, y yo no puedo negárselo. No tenemos derecho a impedírselo y, además, no podemos vengarnos. O

---

[14] Tomo los datos de Dom Antoine Marie, *Cartas de la Abadía de Clairval*, del 15 de julio de 1998.

somos cristianos o no lo somos. Avisaré a las familias cristianas y estoy seguro que todo el mundo le perdonará de todo corazón. Pero está ese pobre anciano Wang. ¿Cómo actuar para que pueda sobrellevar el golpe?

—¿Pero qué puedo hacer yo?...

—Tendría que persuadirle para que perdonara, Padre.

—Menuda tarea me espera, amigo mío; en fin, se intentará.

Así que llamé al bueno de Wang y le dije: Amigo mío, nobleza obliga. Tienes santos en tu descendencia, y hay que ser digno de ellos.

—¿Qué quiere decir, Padre?

—Si el asesino de tu familia regresara al pueblo y te encontraras con él, ¿qué harías?

—Me abalanzaría sobre él y le saltaría al cuello.

Daba pena verlo. Lo agarré por las manos y le dije: —Ya sabes lo que decimos siempre, que o somos cristianos o no lo somos... No le saltarías al cuello...

Le vino como un sollozo, vaciló un momento, se secó dos lágrimas y dijo: —De acuerdo, Padre, que vuelva.

Y como yo lo miraba sin decir palabra, añadió: —Sí, sí, dígale que vuelva: así verá si soy cristiano.

Al atardecer, los cristianos estaban reunidos a mi alrededor, como todas las tardes, en el patio del catequista. Platicábamos juntos bebiendo té y fumando enormes pipas. Era el mejor momento del día. Pero había algo pesado en el ambiente y no teníamos valor para hablar de ello. El pobre Wang estaba a mi lado, tembloroso y pálido. Los demás formaban un círculo ante mí, conmovidos. El asesino iba a venir y todos lo sabían.

De súbito, el círculo se abre. Al fondo, bajo el resplandor de los faroles que tiemblan en los árboles del patio, veo avanzar al asesino, con la cabeza baja y paso lento, como si llevara el peso de las maldiciones de todos aquellos hombres. Se presenta ante mí y cae de rodillas, en medio de un silencio espantoso. Yo tenía un nudo en la garganta, y apenas pude decirle lo siguiente: —Amigo, ya ves la diferencia. Si hubiéramos mutilado a tu familia y volvieras aquí como vencedor, ¿qué harías?

Oímos primero un gemido y luego se produjo un silencio. El viejo Wang se había levantado: se inclinó temblando hacia el verdugo de los suyos, lo levantó hasta su altura y lo abrazó.

Dos meses más tarde, el asesino acudía a mí: —Padre, antes no entendía su religión, pero ahora lo veo claro. Me han perdonado de verdad. Soy un miserable, pero ¿yo también podría hacerme cristiano?

No hace falta que os diga cuál fue mi respuesta. Entonces, me pidió: —Padre, quisiera pedir algo imposible. Quisiera que el viejo Wang fuera mi padrino.

—Amigo mío, prefiero que se lo pidas tú mismo.

Algún tiempo después, Wang, ya sin descendencia, aceptaba como hijo espiritual al asesino de su familia".

Es cierto que no se puede perdonar sin pagar el precio del sufrimiento; pero se puede.

(c) Reflexiones personales

A la luz de lo dicho, respondamos a las siguientes preguntas, anotándolas en nuestro *Cuaderno de trabajo*:

1) ¿Cuál es mi voluntad actual respecto de las ofensas recibidas y de las heridas del pasado?

2) ¿Me considero capaz de perdonar? ¿Creo que es posible? ¿Lo considero impracticable en mi caso? ¿Pienso que es posible pero muy difícil?

3) Si veo en mi corazón demasiada dificultad para perdonar, ¿al menos estoy dispuesto a hacer lo posible?

4) ¿Estoy dispuesto a intentarlo?

2. El perdón es una gracia: hay que pedirla

(a) Texto para considerar

"Cúrame, Dios, y sea yo curado; sálvame, y sea yo salvo, pues mi honor eres tú. No me causes temor, ¡oh tú, que eres mi amparo en el día desgraciado!"

(Jeremías 17, 14-17).

(b) Doctrina fundamental

Jesucristo quiere curarnos de nuestras heridas. Para esto vino y esto es lo que ofreció: "Venid a mí todos los que estáis fatigados y agobiados, y yo os daré descanso. Tomad sobre vosotros mi yugo, y aprended de mí, que soy manso y humilde de corazón; y hallaréis descanso para vuestras almas" (Mt 11, 28-29).

A Jesús muchos lo seguían pidiendo que los curara; algunos de modo cortés y respetuoso, como el centurión de Cafarnaum, otros con angustia, como Jairo al pedir por su hija moribunda; algunos "con gritos", como la mujer cananea. En todo caso, debemos mostrar al Señor la intensidad de nuestro *deseo* de ser curados. Él mismo nos ha alentado a pedir: "Todo el que pide recibe; el que busca, halla; y al que llama, se le abrirá. ¿O hay acaso alguno entre vosotros que al hijo que le pide pan le dé una piedra; o si le pide un pez, le dé una culebra? Si, pues, vosotros, siendo malos, sabéis dar cosas buenas a vuestros hijos, ¡cuánto más vuestro Padre que está en los cielos dará cosas buenas a los que se las pidan!" (Mt 7, 8-11).

El resentimiento incubado en el corazón es más desgarrador que la parálisis de una pierna, que la sordera o la mudez; más cruel que la miseria económica y más pernicioso que la muerte física. ¿Pedimos ser curados de este mal del alma con la misma intensidad que esperamos de Dios la curación o el alivio de nuestros males físicos, económicos o familiares?

Si no lo pedimos, y con insistencia, ¿por qué nos extrañamos que el mal siga ahondándose en el corazón?

Pero pedirlo *seriamente* implica estar dispuestos a pagar el precio que Dios exija. Pedimos la curación de nuestros males físicos, pero ¿estamos dispuestos a cambiar de vida? ¡Porque Jesús exigía la conversión del corazón como condición de sus curaciones! Al enfermo que cura junto a la piscina Probática, le dice: "Mira, estás curado; no peques más, para que no te suceda algo peor" (Jn 5, 14). A la adúltera que salva de ser condenada a muerte, Jesús le pregunta: "Mujer, ¿dónde están los que te acusaban? ¿Nadie te ha condenado?" Ella respondió: "Nadie, Señor". A lo que Jesús le dijo: "Tampoco yo te condeno. Vete, y en adelante no peques más" (Jn 8, 10-11).

La gracia de poder perdonar, exige de nosotros un cambio del corazón y la creación de nuevos hábitos espirituales, en particular, de oración, de vida sacramental, de acercamiento permanente a Dios. Entre otras cosas exige de nosotros, empezar a practicar la misericordia y perdonar *inmediatamente y de corazón* las ofensas.

(c) Reflexiones personales

A la luz de lo dicho, respondamos a las siguientes preguntas, anotándolas en nuestro *Cuaderno de trabajo*:

1) ¿Pido la gracia de curarme de mi rencor?

2) ¿Estoy dispuesto a pagar el precio de tener un corazón perdonador?

3) Podemos rezar la siguiente oración:

Señor, Tú que has muerto en la cruz perdonando a tus enemigos,
dame la gracia de tener un corazón compasivo,
la gracia de olvidar las injurias,
la gracia de ser sordo a las ofensas,
la gracia de perdonar a quienes me lastimen,
de amar a los que me odien,
de rezar por los que me persigan.
La gracia de no evocar los agravios,
la gracia de abrir mi corazón únicamente a la gratitud.
Haz de mí un instrumento de tu paz.
Que allí donde halla odio, ponga yo amor;
donde haya ofensa, ponga perdón;
donde haya discordia, ponga unión.
Que no me empeñe tanto en ser consolado,
como en consolar;
en ser comprendido como en comprender;
en ser amado como en amar;
pues dando, se recibe;
olvidando, se encuentra;
perdonando, se es perdonado,
muriendo se resucita a la vida eterna. Amén

3. ALCANZAR EL PERDÓN

1. Aprender a dominar la ira

(a) Texto para considerar

"Perdona a tu prójimo el agravio que te ha hecho,
y, en cuanto lo pidas, Dios te perdonará tus pecados.
El hombre que a otro hombre guarda ira,
¿cómo espera su propia curación del Señor?
Si de un semejante no tiene él piedad,
¡con qué cara pide perdón a Dios por sus propios pecados!
Acuérdate de las postrimerías, y deja ya de odiar,
recuerda que has de morir, y sé fiel a los mandamientos.
Recuerda los mandamientos, y no tengas rencor a tu prójimo,
recuerda la alianza del Altísimo, y pasa por alto la ofensa"

(Sirácida 28, 2-4. 6-7).

(b) Doctrina fundamental

Para muchas personas ocuparse en el objetivo de aprender a perdonar exige comenzar por un trabajo en el dominio de la pasión de la ira. Como ya hemos dicho, de nuestros enfados y despechos nace luego, como de una llaga·interior que nunca cierra, esa enfermedad estable del resentimiento. Hay personas que se enfurecen en un momento, pero luego la pasión se calma y la ofensa queda en olvido; otras, en cambio, se exasperan de golpe y el despecho les queda atrapado dentro durante largo tiempo, incluso años o toda la vida. Si dominamos el "comienzo" de la bronca, no tendremos que luchar luego contra el rencor, su fruto:

Si sufres con cualquier injuria, no la recojas.

Verás como no puede levantarse sola.

Para aprender a superar nuestra ira propongo resumidamente, y sólo para quien lo considere necesario en su caso personal, las enseñanzas del P. Narciso Irala, en su conocido libro "Control cerebral y emocional"[15].

La ira, como todas las emociones, tienen dos posibles fases, una espontánea y otra controlable.

(i) La fase espontánea de la ira

Por fase espontánea de la ira entendemos el despertar indeliberado y automático de esta pasión. Suele suceder cuando nos sorprende imprevistamente alguna cosa que nos ofende o humilla, que nos contradice o nos amenaza. Así, por ejemplo, un insulto inesperado, una humillación repentina, una ofensa que nos cae de sopetón, etc. Este movimiento irreflexivo, que los moralistas clásicos englobaron dentro los llamados "primeros movimientos", no es responsable de nuestra parte, a menos que previéndolo y queriéndolo nos hayamos puesto en alguna circunstancia que pueda ocasionarlo. Fuera de este caso singular, no somos responsables del mismo, y apenas podemos controlarlo sin mucha vigilancia. Sobre este tipo de reacciones sólo podemos tener un dominio muy indirecto, aunque en muchos casos eficaz. Así, podemos trabajar en desbrozar el terreno sobre el que se asienta cualquier arrebato de ira (nuestro orgullo, impaciencia) tratando de crecer en la humildad respecto de nosotros, en la benignidad hacia el prójimo (pensando siempre bien de los demás y tratando de observar sus bondades) y en la aceptación de las tribulaciones. La ira, una vez nacida de modo espontáneo, podemos, aunque limitadamente, tratar de controlarla, de limitar su duración y de frenarla, pero eso ya pertenece a la segunda fase.

(ii) La fase más activa y controlable

Frente al estímulo que hace surgir ese movimiento espontáneo de ira, una vez que tomamos conciencia del mismo, podemos reaccionar de una doble manera: dejándonos arrastrar por él, o tratando de controlarlo.

Si nos dejamos arrastrar por él, pasamos a ser *dominados* o derrotados por la bronca. Las reacciones, sin embargo, pueden ser varias. En primer lugar, podemos dejar que la cólera nos lleve impulsivamente a obrar de modo inmediato, pasando a una crisis de ira, o cólera animal, que se manifiesta generalmente en

---

[15] Cf. Irala, N., *Control cerebral y emocional*, cap. XIII, 211-223.

reacciones animales y primitivas: golpeando, rompiendo, insultando, estallando en gritos y amenazas. En segundo lugar, podemos actuar con una saña hasta cierto punto refrenada, vengándonos no de golpe, sino en cuotas; esto suele ocurrir cuando las conveniencias sociales o el temor a ser castigado, nos imponen ocultar nuestra rabia. Finalmente, podemos embotellar totalmente la ira, sin descargarnos exteriormente contra el enemigo, pero masticando internamente el furor. Los dos últimos casos son los que denominamos con mayor propiedad resentimiento o rencor. Ya hemos mencionado los efectos nocivos que tiene esta pasión; añadamos solamente que según Irala, una clínica de Nueva Orleans atribuía el 76% de los problemas de sus pacientes a la cólera, al odio o a la impaciencia no controlados y mezclados con el temor.

Pero también podemos actuar sobre la ira, tratando de controlarla. Esto se hace por varias vías posibles: modificando el juicio mental que da origen a la bronca (debilitándolo por la distracción, o mejor, anulándolo por la apreciación contraria), o bien ordenando la actitud interna opuesta de amor y simpatía y su expresión externa en el rostro, en la voz y en los músculos. En definitiva contamos por lo menos con cuatro medios:

1º **Control por la distracción.** Uno de los medios más eficaces consiste en quitar o modificar las ideas que causan el enojo. Dice Irala: "Si, cuando el otro te insulta o te disgusta con su conducta, en vez de pensar en lo injusto o grosero de su proceder, concentras tu atención en otra cosa: en los objetos o colores que tienes delante o en las ondas sonoras que te llegan de todas partes, o (si eres psicólogo) en observar el desgaste de energía y reacciones de tu interlocutor, etc., apenas sentirás conmoción alguna. Imitemos a las madres cuando para calmar a sus hijitos que lloran de ira les atraen la atención a otra parte". Como ha escrito un autor refiriéndose a la pasión de la lujuria: nadie continúa estando sexualmente apasionado si de pronto suena la alarma contra incendios. Del mismo modo, si somos capaces de llevar nuestra atención a otra cosa cualquiera, la pasión se desinfla en muy poco tiempo[16].

---

[16] Precisamente para esto es muy importante el entrenamiento en lo que el P. Irala, siguiendo al Dr. Roger Vittoz, llama "sensaciones conscientes". Su libro ayuda a aprender a hacer este tipo de ejercicios, así como los ejercicios de

2° Control por el pensamiento contrario. El segundo medio es tratar de descubrir el pensamiento que origina la pasión y buscar su contrario. Puede ser el orgullo ("yo no merezco semejante trato"; "¿quién piensa éste que soy yo?"); en tal caso hay que oponer un pensamiento de humildad ("un hombre como todos los demás, que nacen y mueren, y que si los dejan librados a sus pasiones, son peores que animales"). Si la ira se ceba en el pensamiento de la injusticia ("él es cruel", "es una persona injusta y discriminadora"), habrá que oponer algún pensamiento de comprensión ("tiene defectos como todos, incluso como yo"; "tal vez no comprenda la gravedad de lo que hace", etc.). Esto es lo que hace Jesús en la cruz: "Padre, perdónanos, *porque no saben lo que hacen*". Si el pensamiento que alimenta la rabia es algo impersonal ("esto es intolerable", "esta situación es absurda") habrá que buscarle un sentido ("Dios sabe por qué permite este dolor, esta humillación"; "todo termina redundando en bien de los que Dios ama").

3° Control por el sentimiento contrario. La tercera posibilidad es tratar de sustituir el sentimiento de disgusto, turbación y antipatía, por el de la alegría y simpatía. Escribe Irala: "Ante todo, hay que digerir el sufrimiento inevitable, aceptándolo plenamente, si no queremos que nos siga envenenando. Luego hay que tratar a esa persona como si nos fuera muy simpática, con pensamientos de aprecio y comprensión, descubriendo sus virtudes y excusando sus defectos, con tono de cariño y respeto, con obsequios y servicios, con oraciones y sacrificios por ella. Un mes de este trato bastará para hacérnosla simpática". La vida de San Francisco de Asís está repleta de ejemplos de este tipo, como en aquella oportunidad en que uno de los hermanos sorprendió a tres ladrones en el convento y los echó con grandes reprensiones; al contarle a Francisco su hazaña, éste le dijo que se había portado cruelmente, porque mejor se conduce a los pecadores a Dios con dulzura que con duros reproches; y continuó: "Por lo tanto, ya que has obrado contra la caridad y contra el santo Evangelio, te mando, por santa obediencia, que, sin tardar, tomes esta alforja de pan que yo he mendigado y esta orza de vino y vayas buscándolos por montes y valles hasta dar con ellos; y les ofrecerás de mi parte

---

concentración que después se convierten en instrumentos fundamentales para el dominio práctico de nuestras emociones y pasiones.

todo este pan y este vino. Después te pondrás de rodillas ante ellos y confesarás humildemente tu culpa y tu dureza. Finalmente, les rogarás de mi parte que no hagan ningún daño en adelante, que teman a Dios y no ofendan al prójimo; y les dirás que, si lo hacen así, yo me comprometo a proveerles de lo que necesiten y a darles siempre de comer y de beber. Una vez que les hayas dicho esto con toda humildad, vuelve aquí". Los tres ladrones se convirtieron y se hicieron franciscanos, viviendo y muriendo santamente en la Orden.

4º **Control por la expresión contraria.** Finalmente, Irala sugiere emplear el método fisiológico poniendo en nuestra voz, respiración, ojos y músculos la expresión contraria a la que nos quiere imponer la ira. "Callémonos, dice nuestro autor, o conservemos la voz pausada, dulce y tranquila. *Si la llama del odio o de la impaciencia va a escaparse por tu boca, respira hondo dos veces antes de contestar y suelta el aire poco a poco. Verás qué pronto se apaga la llama.* Mantengamos flojos y relajados los músculos de brazos y manos y de la boca y rostro; y, sobre todo, hagamos que la sonrisa se dibuje en nuestros ojos conservándolos blandos y suaves, pensando en algo agradable". Y pone esta anécdota: "Una señora en Río de Janeiro, después de unas conferencias me vino a contar sus cuitas, su mal genio y el de su marido. 'Mi hogar es un infierno —me dijo— siempre estamos peleando, y eso que somos cristianos piadosos'. Le aconsejé que fuese a mirarse ante el espejo y procurase allí sonreír con los ojos. Cuando haya conseguido esa sonrisa franca y profunda y vea que su marido está volviendo a casa, haga un acto de fe: 'Ahí viene Jesucristo, mi gran bienhechor, disfrazado con los defectos de mi marido, para que yo le sonría, le ame y le sirva'. Pasado un mes vino a agradecerme el consejo; su hogar se había transformado, eran felices. Modificó el pensamiento y la expresión de la ira".

(c) Reflexiones personales

A la luz de lo dicho, respondamos a las siguientes preguntas, anotándolas en nuestro *Cuaderno de trabajo*:

1) Entre mis reacciones espontáneas ¿se cuentan generalmente movimientos de cólera, de enojo? ¿Me arrebato con facilidad? ¿Con qué frecuencia me encuentro irritado, furioso o ensañado?

2) ¿Tengo suficiente capacidad para controlarme? ¿Cuánto tiempo necesito para calmarme después que he experimentado un arranque de bronca?

3) ¿A qué recurro para dominarme? ¿O quizá no intento dominarme y me dejo arrastrar por la ira, produciendo con frecuencia rabietas, berrinches, peleas?

4) ¿Me encuadro entre las personas irritables, susceptibles, cascarrabias, suspicaces o recelosos?

5) Una vez que me he enojado, ¿Cuánto tardo en volver a la calma?

2. Tres ideas para corregir

(a) Texto para considerar

"Tú eres el Dios de los perdones, clemente y entrañable, tardo a la cólera y rico en bondad. ¡No los desamparaste! Ni siquiera cuando se fabricaron un becerro de metal fundido... Tú, en tu inmensa ternura, no los abandonaste en el desierto... Tu Espíritu bueno les diste para instruirles, el maná no retiraste de su boca, y para su sed les diste agua... Indóciles, se rebelaron contra ti, arrojaron tu Ley a sus espaldas, mataron a los profetas que les conjuraban a convertirse a ti; (grandes desprecios te hicieron)... Clamaban hacia ti, y tú los escuchabas desde el cielo; y en tu inmensa ternura les mandabas salvadores que los libraron de las manos opresoras. Pero, apenas en paz, volvían a hacer el mal... De nuevo gritaban hacia ti, y tú escuchabas desde el cielo: ¡muchas veces, por ternura, los salvaste! Tuviste paciencia con ellos durante muchos años; les advertiste por tu Espíritu, por boca de tus profetas; pero ellos no escucharon. Y los pusiste en manos de las gentes de los países. Pero en tu inmensa ternura no los acabaste, no los abandonaste, porque eres tú Dios clemente y lleno de ternura"

(Nehemías 9, 17-20. 26-28. 30-31).

(b) Doctrina fundamental

A menudo el resentimiento se yergue sobre una o más imágenes equivocadas. En particular hay tres imágenes que el resentido suele percibir incorrectamente: la imagen que tiene de sí mismo, la que tiene del prójimo y la que tiene de Dios.

(i) Ante todo, la imagen que tiene de sí mismo suele estar equivocada; y por eso deberá corregirla si pretende pasar del rencor al perdón. Quizá esté demasiado cargada de egoísmo, creyéndose más de cuanto es en realidad. De ser así, la consecuencia será pensar que todo el mundo debe girar sobre él. "Mi problema, me decía una persona, es que siempre quiero ser *centro de mesa*". También puede suceder que tenga un concepto despectivo de sí mismo, pensado que no vale nada, que nadie puede fijarse en él, que nadie lo ama, etc. Hay muchas otras posibles distorsiones de nuestra propia realidad. En cualquier caso, para evitar la enfermiza mirada del rencor necesita tener una visión adecuada y equilibrada; un enfoque que le enseñe: (1) Que estamos hechos a imagen de Dios ("Dios creó al hombre a su imagen, a imagen de Dios lo creó, hombre y mujer los creó": Gn 1,27). (2) Que Dios nos ha creado por amor ("el hombre es única criatura en la tierra a la que Dios ha amado por sí misma"[17]). (3) Que nuestro fin es Dios y nada más que Dios (como nos enseña el catecismo). (4) Que somos capaces de conocer y amar a Dios, de entrar en comunión con Él; somos capaces de conocernos, de poseernos y de darnos libremente y entrar en comunión con otras personas. (5) Y también que hemos pecado, y con nuestros pecados hemos herido nuestra naturaleza, hemos faltado a la razón, hemos ofendido a Dios y al prójimo. (6) Asimismo, que Dios no nos ha abandonado en nuestros pecados; aún cuando nosotros nos olvidemos de nosotros mismo; Dios no se olvida ("Yo pobre soy y desdichado, pero el Señor piensa en mí; tú, mi socorro y mi libertador, oh Dios mío, no tardes": Sal 40,18). (7) También que, a pesar de nuestros pecados, en lo más profundo de nuestro corazón no hay tinieblas sino luz. (8) Que no somos extraños para Dios; Él nos conoce a fondo ("Señor, tú me sondeas y me conoces; me conoces cuando me siento o me levanto, de lejos penetras mis pensamientos; distingues mi camino y mi descanso, todas mis sendas te son familiares. Me estrechas detrás y delante, me cubres con tu palma": Salmo 138, 1-6). (9) También debemos saber que hay cosas que no somos: no somos infinitos, no somos capaces de darnos la felicidad a nosotros

---

[17] *Gaudium et spes*, 24.

mismos, no somos nuestro propio fin, no podemos encontrar sentido a la vida fuera de Dios, y, sin Dios somos pobres seres ("Tú dices: 'Soy rico; me he enriquecido; nada me falta'. Y no te das cuenta de que eres un desgraciado, digno de compasión, pobre, ciego y desnudo": Ap 3,17).

(ii) También podemos tener distorsionada la imagen del prójimo. Hay cosas que deberíamos tener muy claras: (1) Nuestro prójimo es imagen de Dios, como también lo somos nosotros. (2) Pero no es Dios y no podemos esperar de ninguno de nuestros semejantes lo que sólo Dios puede darnos. (3) Nuestro prójimo tiene muchos defectos, al igual que nosotros. Y muchos de esos defectos son muy parecidos a los nuestros. Las cosas que nos sacan de quicio en los demás, son muy semejantes a los errores que nosotros mismos cometemos. (4) Muchas de las cosas que no toleramos en el prójimo y que tendemos a considerar como hechas "a propósito" para irritarnos, no son más que actos involuntarios o facetas que ellos no pueden dominar ni corregir; son defectos naturales: quizá sean demasiado lentos, o demasiado rápidos, pueden ser distraídos o minuciosos con los detalles, tal vez hablen muy bajo, o su timbre de voz sea estridente; pueden ser simpáticos o demasiado tímidos, etc. (5) Nuestros prójimos son ciertamente culpables de muchas miserias, pero tal vez su responsabilidad no sea tan grande como suponemos, porque quizá nunca los hayan corregido, o no hayan tenido medios para cambiar, o puede ser que su educación no haya sido tan buena como la nuestra, etc. (6) Los pecados que tenemos que tolerar y perdonar en el prójimo, no son tan distintos ni más graves que los que Dios nos ha perdonado a nosotros. (7) Por ese prójimo Jesucristo ha muerto en la Cruz, y ni ellos merecían tan grande don, ni tampoco lo hemos merecido nosotros. (8) De muchos de esos prójimos depende nuestra propia salvación: de sus oraciones, de sus sacrificios, de sus ejemplos, e incluso de sus yerros y pecados que pueden redundar en beneficio nuestro, como del pecado del pueblo judío se siguió la vocación de los paganos a la salvación, como enseña San Pablo ("su caída ha traído la salvación a los gentiles": Rm 11, 11). (9) Nuestro prójimo tiene numerosos dones, buenas cualidades, gestos de grandeza, etc. que por nuestra miopía no alcanzamos a ver. (10) Cuando nos presentemos al Juicio de Dios, encontraremos entre los salvados muchos de los que pensábamos no ver allí, y quizá echemos de menos a muchos de los que dábamos por descontados que estarían allí. (11) Si nuestra visión del prójimo es adecuada, también el perdón se desliza mejor por nuestro corazón; si es incorrecta, se comprende que me resienta fácilmente con los que nos hacen daño a sabiendas o, incluso, con los que lo hacen inadvertidamente.

(iii) Finalmente, tenemos que corregir nuestra idea de Dios. Dios es Padre. Es "el Padre de Nuestro Señor Jesucristo". (1) Son notables los numerosos males no sólo espirituales sino incluso psicológicos que se siguen de una defectuosa imagen divina y en particular cuando se ignora esta faceta "esencial" de Dios: su paternidad. Al no entender la paternidad divina, los hombres se siente solos, abandonados, se les torna incomprensible el dolor, se desesperan ante las pruebas y ante sus propios fracasos, se vuelven desconfiados, desconocen su dignidad de hijos de Dios. (2) Si Dios no es Padre, entonces Dios es solamente un Juez (ciertamente que es Juez pero es un Padre que juzga y no un juez autoritario y sin entrañas). Si no es Padre, entonces no es más que el Gran Arquitecto que hizo el mundo, lo puso en funcionamiento y se retiró a atender mejores cosas. Si no es Padre no puede dolerse ni conmoverse por nuestros sufrimientos los cuales le resultan indiferentes. Si no es Padre, no puede estar dispuesto a sacrificar nada por las creaturas que siempre serán algo insignificante y extraño. Si no es Padre, es un Ser ausente de nuestros corazones. Finalmente, si no es Padre nuestra relación se limita a congraciarnos y aplacarlo cuando suponemos que su severa justicia podría descargarse sobre nuestras locuras. (3) Si no es Padre, se comprende el resentimiento de muchas personas que no pueden entender sus disposiciones que parecen arbitrarias, su extraña permisión del dolor, su "no intervención" ante el sufrimiento del inocente, la prosperidad y éxitos del impío, el fracaso de los buenos, etc. (4) Pero todo cambia si es Padre. Y precisamente, Jesucristo ha enseñado que Dios es Padre: un Padre providente, que ve en lo secreto, que sabe lo que necesitamos antes que lo pidamos, que no duda en darnos a su propio Hijo, "el Amado", para rescatarnos; un Padre solícito, que espera nuestro regreso; un Padre con "entrañas de misericordia", como dice San Pablo; un Padre que nos ha llamado a compartir su reino, que nos hace sus herederos, que nos prepara un destino que ni el ojo vio, ni el oído oyó, ni podemos siquiera imaginar. (5) Si Dios es Padre, entonces nuestra actitud puede y debe ser la confianza, la seguridad y la paz; podemos sentirnos y sabernos protegidos, comprendidos y amados; podemos recurrir a Él, hablar con Él, reclinarnos en su regazo, ponernos en sus manos, descargar en Él nuestros problemas, confiarle nuestros miedos, hacernos fuertes en su Fuerza. (6) Si Dios es Padre, es impensable cualquier resentimiento, queja o lamento por sus disposiciones, porque sabemos de antemano que siempre están dispuestas para nuestro bien.

(c) Reflexiones personales

A la luz de lo dicho, respondamos a las siguientes preguntas, anotándolas en nuestro *Cuaderno de trabajo*:

1) ¿Qué pienso de mí mismo? ¿No es tal vez mi orgullo, mi propia autoestima demasiado elevada la que me hace poco tolerante con los demás? ¿Me enojaría tanto, o quedaría tanto tiempo dolido y rencoroso si fuera más humilde, si me importara un poco menos mi propio honor, mi propio nombre? Si fuera más modesto, ¿se apagarían antes los enfados? Si no pensase tanto en mí, ¿seguiría experimentando berrinches, exabruptos y arrebatos coléricos?

2) ¿Qué pienso del prójimo? ¿No espero de mis semejantes actitudes superiores a las que ellos pueden tener? ¿No les exijo, acaso, delicadezas y atenciones que ni yo mismo suelo tener siempre? ¿No critico o me molesto habitualmente por defectos, carencias, y debilidades que también yo suelo tener, o que pueden explicarse sin atribuir mala intención? ¿Tengo tanta prontitud para observar y destacar sus buenas cualidades y hacerlas compensar sus defectos?

3) ¿Cómo es mi idea de Dios? ¿Siento a Dios como un Padre para mí? ¿Me reconozco hijo de Dios? ¿Entiendo que sus planes respecto de mí son planes de un padre amante? ¿Me quejo de Dios? ¿Estoy resentido con Dios? ¿Lo hago responsable de mis males, de mis fracasos? ¿Le pido cuentas de sus acciones, de sus omisiones, de sus silencios? ¿Me pongo totalmente en sus manos y pido la gracia de aceptar con docilidad y resignación su divina voluntad?

3. Tomar conciencia de todos los bienes recibidos

(a) Texto para considerar

"Os escribo a vosotros, hijos míos, porque se os han perdonado los pecados por su nombre"

(1Jn 2, 12).

(b) Doctrina fundamental

No se puede perdonar si nuestro corazón no tiene sentimientos adecuados a la realidad. El rencoroso es una persona que probablemente ha sido ofendida gravemente, pero las llagas que ha recogido a lo largo de su vida, no son *toda la realidad de su biografía personal*. Por eso, el rencor nace, a menudo (si no siempre), de una mente que mira las cosas con un solo ojo, y éste, por lo general, nublado.

San Ignacio de Loyola termina el Libro de sus Ejercicios Espirituales con una contemplación que él titula "Para alcanzar amor". Sus reflexiones, sin embargo, son igualmente útiles para "alcanzar perdón": el de nosotros hacia los que nos han ofendido.

Tenemos numerosas cosas que agradecer tanto a Dios como a los hombres. Nuestra existencia, familia, amigos, bienes materiales y espirituales, la inteligencia y la voluntad, la salud, los sucesos dichosos de nuestra vida, la fe, la vida cristiana, la vocación a la santidad, el ser hijos de Dios, la posibilidad de heredar la vida eterna, etc. Todos estos son diversos tipos de bienes; tal vez no hayamos recibido todo tipo de bienes; algunos pueden haber carecido de muchos de ellos (tal vez no han conocido a sus padres, han perdido su familia, han sido traicionados por sus amigos, carecen de salud, etc.) pero todos tenemos unos bienes u otros; y más de los que habitualmente reconocemos. Y uno solo de ellos ya basta para que debamos ser agradecidos con Dios

Hemos recibido bienes, *incluso de quienes nos han hecho el mal*; porque Dios permite que suceda el mal sólo en la medida en que puede sacar bienes de él. No siempre es fácil comprender cuáles son estos bienes; pero ellos están o llegarán más adelante, cuando sea su momento. En su libro "Salir de las tinieblas", el P. Groeschel escribe: "Estoy apenado y horrorizado por el holocausto del aborto en nuestro país (Estados Unidos); pero estoy obligado a creer que de esta tremenda realidad Dios sacará algún bien. No puedo decir cómo. Tengo un amigo rabino que perdió su familia a manos de los nazis en Auschwitz, y él me solía decir: 'No lo entiendo, pero el Todopoderoso traerá algún bien de eso'". "Porque el Dios Todopoderoso, escribe san Agustín, por ser soberanamente bueno, no permitiría jamás que en sus obras existiera algún mal, si Él no fuera suficientemente poderoso y bueno para hacer surgir un bien del mismo mal".

Y hay hechos que de manera irrefutable nos manifiestan que somos destinatarios de enormes beneficios absolutamente inmerecidos. Basta para demostrarlo un hecho patente: "nosotros hemos sido reconciliados con Dios"; y esto "sucedió cuando todavía éramos enemigos de Dios" por nuestros pecados; y, lo que es más admirable: el precio fue "la muerte del Hijo de Dios" (cf. Rm 5, 10).

(c) Reflexiones personales

A la luz de lo dicho, respondamos a las siguientes preguntas, anotándolas en nuestro *Cuaderno de trabajo*:

1) Cómo es mi "realismo" ante el bien? ¿Soy como las personas "negativas" y "pesimistas" que ven las cosas malas y parecen ser ciegos ante el bien que los rodea? ¿Acepto el principio teológico según el cual Dios no permite ningún mal sino es para que nos suceda un bien mejor? En tal caso conviene meditar alguna de estas frases: "Todo procede del amor, todo está ordenado a la salvación del hombre, Dios no hace nada que no sea con este fin" (Santa Catalina de Siena, escribiendo a quienes se escandalizan por el mal); "Nada puede pasarme que Dios no quiera. Y todo lo que El quiere, por muy malo que nos parezca, es en realidad lo mejor" (Santo Tomás Moro, carta a su hija, poco antes de su martirio); "Yo comprendí, pues, por la gracia de Dios, que era preciso mantenerme firmemente en la fe y creer con no menos firmeza que todas las cosas serán para bien... Tú verás que todas las cosas serán para bien" (Juliana de Norwich).

2) A muchos puede resultarles útil hacer un ejercicio gráfico. En una hoja en blanco trazar alguna figura geométrica; por ejemplo un triángulo (para no confundirlo con el círculo que propusimos más arriba) que vamos a identificar como el

"triángulo de los beneficios divinos". Dentro de él escriba las iniciales de diez personas a través de las cuales reconozcamos que Dios nos ha bendecido y nos ha hecho crecer de alguna manera. Luego escriba en forma abreviada diez hechos históricos en los que reconozca haber percibido el amor de Dios. Después de hecho esto, dé gracias a Dios deteniéndose unos breves instantes en cada uno de los nombres y de las situaciones anotadas.

3) Otro ejercicio espiritualmente muy beneficioso consiste en tomar el gráfico que hicimos algunos capítulos más arriba y que llamamos en su momento "círculo de los recuerdos dolorosos" y repasando los nombres que allí están escritos, tratar de encontrar algún bien que nos haya venido *a través, o a raíz, o con ocasión* de esos sufrimientos. Pidamos la gracia de poder descubrir esos bienes que *a menudo están allí a pesar de que la pasión nos impide verlos.* Estos bienes pueden ser de muy distinto orden: quizá el haber aprendido una lección dolorosa, el haber crecido en nuestra madurez, el conocer nuestros límites y defectos, el haber aprendido a manejarnos con mayor prudencia, el haber entendido un poco mejor cuánto sufrió Jesucristo por nosotros, etc.

4. Compartir con Jesucristo los recuerdos dolorosos

(a) Texto para considerar

"¿Por qué no morí cuando salí del seno,
o no expiré al salir del vientre de mi madre?
¿Por qué me acogieron dos rodillas?
¿Por qué hubo dos pechos para que mamara?
¿Por qué me has hecho blanco tuyo?
¿Por qué te sirvo de cuidado?
¿Y por qué no toleras mi delito y dejas pasar mi falta?
¿Por qué ocultas tu rostro y me tienes por enemigo tuyo?"

(Job 3, 11-12; 7, 20-21; 13, 24).

(b) Doctrina fundamental

El resentimiento no nace de heridas dolorosas; más propiamente debemos decir que nace de la *incomprensión del sentido y*

63

del valor que tienen esas heridas. El hombre que ha perdido un brazo salvando a un hijo de las garras de una fiera, mira la manga de su camisa que cuelga muerta de su hombro y revive la alegría del hijo salvado: "daría el otro brazo, si fuera necesario". Esta historia es conocida, pero ilustra bien nuestro principio: en un día de verano en el sur de la Florida un niño fue a nadar en la laguna detrás de su casa. Nadaba feliz sin advertir que se le acercaba un cocodrilo. Su madre, que miraba por la ventana de la casa, vio con horror lo que sucedía. Enseguida corrió hacia su hijo gritándole con todas sus fuerzas. El niño se alarmó y nadó hacia su mamá, pero ya era demasiado tarde. Desde el muelle la mamá agarró al niño por sus brazos en el mismo instante que el caimán le agarraba sus piernitas. La mujer tiraba con toda la fuerza de sus brazos y de su corazón. El cocodrilo era más fuerte pero la madre tenía más pasión. Un hombre que escuchó los gritos corrió con una pistola y mató al cocodrilo. El niño sobrevivió y, aunque sus piernas sufrieron bastante, pudo volver a caminar. Cuando salió del trauma, un periodista le preguntó al niño si le quería enseñar las cicatrices de sus pies. El niño levantó la colcha y se las mostró. Pero entonces, con gran orgullo se remangó las mangas y señalando las cicatrices en sus brazos le dijo: "Pero las que usted debe ver son éstas". Eran las marcas de las uñas de su madre. "Las tengo porque mamá no me soltó y me salvó la vida".

No lamentamos todas nuestras heridas. El rencor siempre supone la falta de sentido de los males padecidos; por eso puede darse en forma de rencor contra personas, cuando son éstas las causas del mal; o contra "la mala fortuna", o incluso "contra Dios" si se lo responsabiliza de los infortunios.

Sólo Jesucristo puede curar nuestras heridas, porque sólo Él —su vida y su sacrificio— pueden iluminar el sentido del dolor. A Él, pues, debemos presentar las heridas que nos laceran y las causas que las han originado.

Debemos, pues, tratar de comprender el sentido del dolor. Sin pretender que lo que pertenece al misterio deje de ser oscuro para nosotros, hemos de tratar de iluminarlo, cuanto sea posible, a la luz de la fe. Se ha dicho con justeza: jamás resolverás bien el problema del dolor si lo planteas mal; jamás plantearás bien el problema del dolor si prescindes de estos dos factores: el amor de

Dios al hombre y la libertad humana. Cinco principios pueden guiarnos en nuestra reflexión:

(i) El mal y el dolor no se agotan en el plano temporal; hay un mal (y un sufrimiento) temporal; y también hay un mal (y un sufrimiento) eterno: la separación definitiva de Dios. En este sentido, todos los males que podamos haber recibido en este mundo, son limitados y relativos; sólo hay un "mal y un dolor absoluto": condenarse.

(ii) El origen del mal es el pecado; no sólo —ni principalmente— el pecado personal de cada uno de nosotros, sino el pecado de Adán: "Por un solo hombre entró el pecado en el mundo y por el pecado la muerte... Por el delito de uno solo murieron todos... Por el delito de uno solo reinó la muerte por un solo hombre... Así pues... el delito de uno solo atrajo sobre todos los hombres la condenación" (Rm 5, 12-15.18).

(iii) Dios Padre, en lugar de destruir el sufrimiento, el pecado que lo introdujo y la humanidad entera que quedó hecha pecadora, dejó el dolor y, *cargándolo sobre su propio Hijo*, lo transformó en una fuerza capaz de redimir a los hombres de sus pecados. En rigor de verdad, Dios, previendo que sus criaturas caerían, podría no haberlas creado; también, una vez que aquéllas pecaron, hubiera podido borrar todo de un plumazo y empezar una nueva creación y una nueva humanidad; finalmente podía, y fue lo que hizo movido por su misericordia, tomar la mala nota desafinada por Adán y sacar de ella una nueva sinfonía, mejor que la anterior.

(iv) Jesucristo transfigura el dolor temporal transformándolo en instrumento de redención del dolor eterno (de la separación definitiva de Dios) y en un gesto de amor con el que nosotros podemos pagar el amor que de Él hemos recibido. No es que el sufrimiento deje de ser en sí un mal, ni que estemos eximidos de luchar contra él (especialmente cuando afecta al prójimo), sino que puede convertirse en fuente de bien. En el orden natural, pues, debemos luchar contra él; pero en el orden sobrenatural —sin dejar de ser un mal— podemos servirnos de él y transformarlo en fuente de santificación. Por eso el dolor temporal se hace "salvífico": redentor y caritativo; y por este motivo, capaz de madurar a las personas, de elevarlas, purificarlas y divinizarlas. El hombre que no tiene fe se condena a la desesperación porque no tiene vía de conocer esta nueva dimensión introducida por Cristo. Para el pagano y el ateo el dolor temporal no es más que preludio del eterno; es un adelanto del infierno o de la nada que vendrá después de la muerte; por eso no encuentra "sentido" al dolor. Ante la pregunta: ¿para qué sufrir?, queda sin respuesta y se sumerge en la angustia.

(v) Siendo el dolor un medio de redención, puede convertirse en bendición e incluso en signo de predilección divina. En una oportunidad escribía la beata Madre Teresa de Calcuta: "Hace unos meses, encontrándome en Nueva York, uno de nuestros enfermos de Sida me mandó llamar. Cuando me encontré junto a su cama, me dijo: 'Puesto que usted es mi amiga, quiero hacerle una confidencia. Cuando el dolor de cabeza se me hace insoportable (supongo que están ustedes enterados de que uno de los síntomas del Sida son unos dolores de cabeza muy agudos), los comparo con los sufrimientos que tuvo que sentir Jesús por la coronación de espinas. Cuando el dolor se desplaza a mi espalda, lo comparo con el que debió de soportar Jesús cuando fue azotado por los soldados. Cuando siento dolor en las manos, comparo el sufrimiento de Jesús al ser crucificado'. No me diréis que no hay en ello una demostración de la grandeza del amor de una joven víctima de la enfermedad del Sida. Os aseguro que era muy consciente de que no tenía curación y de que sabía que le quedaba poco tiempo de vida. Pero tenía un coraje extraordinario. Lo encontraba en su amor a Jesús, compartiendo su Pasión. No había señal alguna de tristeza ni de angustia en su rostro. Más bien llevaba dibujada una gran paz y una alegría interior profunda. Vosotros vivís crucificados con Cristo cada día. Vosotros rociáis nuestro trabajo con vuestra oración, y nos ayudáis a ofrecer a otros la fuerza para trabajar. Sufrir no es nada en sí mismo, pero el sufrimiento compartido con la Pasión de Cristo es un don maravilloso y un signo de amor. Dios es muy bueno al mandaros tanto sufrimiento y tanto amor. Un día fui a visitar a una mujer que tenía un cáncer terminal. Su dolor era enorme. Le dije: Esto no es otra cosa que un beso de Jesús, una señal de que está usted tan próxima a Él en la cruz que le resulta fácil darle un beso. Ella juntó las manos y dijo: 'Madre, pídale a Jesús que no deje de besarme'".

(vi) Finalmente, estas enseñanzas deben enseñarnos a cambiar nuestra pregunta más frecuente ante el dolor. En las situaciones de angustia y sufrimiento sube del corazón a los labios un interrogante más doloroso que el mismo dolor físico: "¿Por qué?"; ¿por qué me ha sucedido esto?, ¿por qué a mí?, ¿por qué lo ha permitido Dios?, ¿por qué no lo impidió? El P. Benedict Groeschel, en su hermoso libro "Salir de las tinieblas" dice con toda sinceridad: "He tratado de buscar, con cuidadosa atención, una solución adecuada a la pregunta '¿Por qué?', y encontré sólo respuestas parciales". La respuesta la obtendremos en la otra vida, cuando Dios nos muestre el derecho de este tejido que por ahora sólo vemos desde atrás y que nos parece un inexplicable entramado de hilos sin sentido; del otro lado está el admirable dibujo. Sin embargo, hay otra cosa que debemos preguntarnos, y esta pregunta es: "¿para qué habrá Dios permitido esto?", o mejor aún: "¿qué espera Dios de mí, al haber permitido que sucediera lo que sucedió?". Esta pregunta tiene, en cambio, mucho sentido. Sigue el P. Groeschel: "Estoy convencido que los creyentes, que no temen hacer el esfuerzo, sabrán qué hacer, aún cuando sean incapaces de comprender lo que les sucede. El *qué hacer* es más fácil de encontrar que la respuesta al *por qué*. Ese *qué* no puede ser expresado en una plegaria o en una frase. Se experimenta en una simple mirada a la Cruz, la contemplación del Calvario y la Resurrección, pero esta mirada debe ser esbozada en palabras y aplicada a las situaciones difíciles que originan tinieblas y dolor".

Con toda confianza debemos abrir nuestro corazón a Jesús y poner delante de él nuestros dolores; también nuestros resentimientos y enojos que nacen de dolores indigeridos, y que son, ellos mismos, dolores (porque el rencor oprime el alma) y fuentes de nuevos sufrimientos.

Y pedirle que nos cure. Como le dijo el leproso galileo: "Señor, si quieres, puedes limpiarme" (Mc 1, 40). También puede sucedernos como a él: "Compadecido Jesús, extendió su mano, le tocó y le dijo: 'Quiero; queda limpio'. Y al instante, le desapareció la lepra y quedó limpio" (1, 41-42).

(c) Reflexiones personales

A la luz de lo dicho, respondamos a las siguientes preguntas, anotándolas en nuestro *Cuaderno de trabajo*:

1) ¿Cuál es mi idea del dolor y del mal? ¿Pienso del sufrimiento como enseñan los Evangelios? Mi pensamiento sobre el mal ¿es el que corresponde a un cristiano?

2) ¿Qué experimento en mi corazón cuando intento buscar un "sentido" al dolor?

3) ¿Pongo a los pies de Jesucristo todos mis dolores? ¿Le pido a Él que me ayude a encontrarle sentido al sufrimiento? ¿Estoy dispuesto a sufrir en caso de entender el valor salvífico que puede tener el dolor?

4) Hagamos una oración, con nuestras palabras sencillas y humildes, pidiéndole a Jesucristo que reciba nuestros dolores y los una a los suyos para darles valor redentor. Podemos inspirarnos en ésta de Santa Faustina Kowalska:

"Oh mi Jesús, dame fuerza para soportar los sufrimientos
y para que mi boca no se tuerza
cuando bebo el cáliz de la amargura.
Ayúdame Tú mismo
para que mi sacrificio te sea agradable:
que no lo profane mi amor propio.
Que te alabe, oh Señor, todo lo que hay dentro de mí:
la miseria y la fuerza".

5. Trabajar la comprensión

(a) Texto para considerar

El rey David huía de su hijo Absalón, que se había rebelado contra él, y subía triste una cuesta con los pocos fieles que le acompañaban. "Al llegar a Bajurim salió de allí un hombre del mismo clan que la casa de Saúl, llamado Semeí, hijo de Guerá. Iba maldiciendo al rey mientras avanzaba [*lo hacía responsable de la muerte de la familia de Saúl*]. Tiraba piedras a David y a todos los servidores del rey, mientras toda la gente y todos los servidores se colocaban a derecha e izquierda. Semeí decía maldiciendo: 'Vete, vete, hombre sanguinario y malvado. Dios te devuelva toda la sangre de la casa de Saúl, cuyo reino usurpaste. Dios ha entregado tu reino en manos de Absalón tu hijo. Has caído en tu propia maldad, porque eres un hombre sanguinario'. Abisay dijo al rey:

'¿Por qué ha de maldecir este perro muerto a mi señor el rey? Voy ahora mismo y le corto la cabeza'. Pero el rey le respondió: 'Deja que maldiga, pues si Dios le ha dicho: Maldice a David, ¿quién le puede decir: por qué haces esto?'. Y añadió David a Abisay y a todos sus siervos: 'Mirad, mi propio hijo, que ha salido de mis entrañas, busca mi muerte, ¿qué puede importar al lado de esto que me insulte uno ajeno a mí? Dejadle que maldiga, pues se lo ha mandado Dios; y tal vez Dios mire mi aflicción y me devuelva bien por las maldiciones que recibo en este día'"

(2 Samuel 16, 5-12).

(b) Doctrina fundamental

Si un niño se burla de nosotros o nos falta el respeto, normalmente no nos ofendemos y ciertamente jamás le guardamos resentimiento; entendemos que es un niño y que sus actitudes son debidas a su inmadurez. Si un mendigo se comporta con cierta vulgaridad delante nuestro, tampoco nos molestamos, porque suponemos que nunca ha recibido educación y quizás nadie lo haya corregido en la vida. Si un muchacho que vive en barrios miserables, sin familia que lo contenga ni trabajo para sustentarse, nos roba el pan que acabamos de comprar, tal vez no nos duela tanto, porque juzgamos que su concepto de la propiedad ajena y su sensibilidad con el prójimo debe estar encallecidas por la aspereza en la que se ha criado.

En todos estos casos actuamos "comprensivamente", es decir, nos inclinamos instintivamente a "interpretar" las actitudes de quienes nos vejan considerando las distintas circunstancias de su vida.

Esto nos muestra varias cosas:

(i) La ira parcializa nuestra mirada sobre las cosas y las personas. Sólo vemos en ellas el aspecto que nos molesta; o, mejor, aún, las vemos solamente bajo la perspectiva que nos molesta. Fulano es "ése que habla a los gritos", Zultano "quien nos responde con aspereza"; Mengana "la que no nos toma en cuenta o la que no nos valora", etc.

(ii) Para que nuestros juicios sean justos, es necesario poner los actos de cada persona en el contexto de esa persona y a esa persona en el contexto más amplio de su vida. Así, las cosas cambian mucho cuando Fulano, el gritón, resulta ser un poco sordo, o alguien que se ha criado solitariamente; o cuando descubrimos que Mengana, la que no nos tiene en cuenta, es una mujer que sufre un padre alcohólico o un marido golpeador; o Zultano, el del trato áspero, un hombre tímido e inseguro de sí mismo, o un enfermo de los nervios, etc. Hay personas que hieren y ofenden gravemente al prójimo porque así han sido tratadas ellas desde la infancia; personas que abandonan sus deberes porque arrastran miedos que nunca han solucionado; personas que parecen no comprender nuestro dolor, porque nunca pudieron llorar sus propios dolores delante de alguien que las comprendiera, etc. Cuando conocemos la historia que acarrean detrás suyo los que nos hacen sufrir, o simplemente cuando consideramos los diversos aspectos de su vida, sus cualidades negativas y positivas, nuestra visión suelen cambiar.

(iii) Para poder juzgar adecuadamente a quienes nos hacen sufrir, hay que considerar el escenario en que han sucedido las cosas. Hay veces, aunque no sea siempre, en que las circunstancias matizan la idea que me he formado de mis heridas. Puede ser que el modo en que he pedido alguna cosa, o el momento en que ocurrió tal o cual suceso, explique, en parte al menos, los malos tratos que recibí. Puedo haber sido inoportuno, puedo haberme expresado mal. Tal vez la culpa no sea mía, y es mi ofensor quien entendió mal mi actitud o mis palabras, o me confundió con alguien, o simplemente estaba pasando un mal momento y yo me crucé en su camino. Estas consideraciones no siempre cambian el juicio que me he formado, el cual tal vez esté bien hecho, pero me ayudan a ver que no debo apresurarme en todos los casos.

(iv) Para poder juzgar a quien nos ha dañado hay que mirarlo también a la luz de la fe. ¿No ha muerto Jesucristo también por esa persona? ¿No está llamada también ella a la vida eterna y a ser santa? ¿No necesita que también se rece por ella, que le prediquen, que la inviten a la santidad, que le den buenos ejemplos para que vuelva al camino de Dios? ¿Acaso no debo desear para ella que se convierta y viva en lugar de arriesgarse a la perdición eterna?

(c) Reflexiones personales

A la luz de lo dicho, respondamos a las siguientes preguntas, anotándolas en nuestro *Cuaderno de trabajo*:

1) ¿Cómo son mis "miradas" y mis "juicios" de las personas y de los acontecimientos? ¿Juzgo las cosas considerando todos sus aspectos, o bien me quedo obsesionado con un solo aspecto negativo?

2) ¿Descubro en mi vida juicios negativos absolutos del tipo de: "todo me sale mal", "Mengano siempre es así", "Fulano no puede cambiar", "tal o cual persona me tiene ojeriza, siempre me perjudica, etc."?

3) Hagamos una lista que contenga cinco personas que nos hayan ofendido y cinco sucesos penosos de nuestra vida; luego tratemos de anotar al lado de cada una de estas personas y sucesos al menos tres aspectos buenos que podamos reconocer en ellos.

4) Finalmente, este ejercicio particularmente importante: hacer la lista de las principales personas que no puedo —o me cuesta especialmente— perdonar. Luego tratar de meterme en el corazón y en el universo mental de cada una de estas personas: ¿cómo han sido sus sentimientos?, ¿cuáles fueron o son sus miedos?; ¿cuáles sus límites?, ¿qué angustias han tenido en el alma?, ¿qué luchas interiores, fantasmas, amarguras, etc., los llevaron a ser malos, a inclinarse a hacer daño a sus prójimos, a no entender ni medir el dolor de sus víctimas? Éste es un paso capital.

6. Trabajar la compasión

(a) Texto para considerar

"Dos ciegos que estaban sentados junto al camino, al enterarse que Jesús pasaba, se pusieron a gritar: '¡Señor, ten compasión de nosotros, Hijo de David!' La gente les increpó para que se callaran, pero ellos gritaron más fuerte: '¡Señor, ten compasión de nosotros, Hijo de David!' Entonces Jesús se detuvo, los llamó y dijo: '¿Qué queréis que os haga?' Ellos le dijeron: '¡Señor, que se abran nuestros ojos!' Movido a compasión Jesús tocó sus ojos, y al instante recobraron la vista; y le siguieron"

(Mateo 20, 30-34).

(b) Doctrina fundamental

La comprensión es el paso previo para la compasión o misericordia, pero el perdón se relaciona más propiamente con la compasión: puedo, de hecho, comprender sin perdonar; en cambio, tener compasión —verdadera misericordia— es perdonar.

La compasión es no sólo un acto espiritual, sino también un sentimiento. Los sentimientos no pueden apurarse; exigen tiempo para desarrollarse. No hay nada peor que pretender apurar o forzar tal sentimiento. Hay que dejar que se desarrolle por sí solo, pero debemos poner los medios para ello.

Es necesario tratar de alcanzar la empatía y la compasión hacia los que nos han ofendido. Las alternativas al rencor son sólo dos: apatía o empatía. La apatía es un estado de indiferencia que, si bien no siempre es indicio de una patología, jamás puede considerarse algo positivo y benéfico para quien la experimenta. La empatía es la capacidad de identificarse con alguien y compartir sus sentimientos, o la identificación con el estado de ánimo de otra persona. Tiene empatía quien participa de la alegría de quienes están alegres, y de la tristeza de quienes sufren. Es lo que pregona San Pablo a los romanos: "alegraos con los que se alegran; llorad con los que lloran. Tened un mismo sentir los unos para con los otros" (Rm 12, 15-16). La caridad tiene esta cualidad afectiva, como lo hace notar el mismo Apóstol al decir de ella: "La caridad es paciente, es servicial; la caridad no es envidiosa, no es jactanciosa, no se engríe; es decorosa; no busca su interés; no se irrita; no toma en cuenta el mal; no se alegra de la injusticia; se alegra con la verdad. Todo lo excusa. Todo lo cree. Todo lo espera. Todo lo soporta." (1Co 13, 4-7). La empatía se alcanza cuando uno llega a entender a los demás. El esfuerzo, pues, en comprender al ofensor, del que hemos hablado en el punto anterior, desemboca naturalmente en esta cualidad aunque sea en un grado inicial.

Empatía no equivale a simpatía. Esta última es una inclinación afectiva, generalmente espontánea y mutua. Tal vez no podamos sentir simpatía por una persona (es decir, agrado, atracción emotiva), pero sí podemos tener empatía por ella, entendiendo lo que pasa por su interior. La empatía es *una condición necesaria para la compasión*. No podemos tener un sentimiento de conmiseración hacia quienes sufren penas o desgracias, esto es, compasión o misericordia, sin empatía, es decir, sin comprender (repercutiendo de algún modo en nuestro interior) lo que pasa dentro de ellos.

Al inicio del proceso del perdón, la idea de sentir compasión, empatía, y más aún amor hacia el ofensor, puede resultar impensable, pero después que una persona ha decidido perdonar y ha trabajado en la compresión del otro, se puede esperar buenamente este cambio de sentimientos.

De todos modos, la compasión misericordiosa es algo más que un simple sentimiento. Podemos decir que el sentimiento de compasión debe abrirse camino hacia la misericordia como virtud, la cual supera los límites de lo puramente afectivo convirtiéndose en un amor *efectivo*. Éste no se limita a un movimiento de lástima sino que nos "compele", nos empuja, nos inclina a socorrer las miserias del prójimo, en la medida en que esto sea posible.

(c) Reflexiones personales

A la luz de lo dicho, respondamos a las siguientes preguntas, anotándolas en nuestro *Cuaderno de trabajo*:

1) Hablando del prójimo en general (por tanto, no de quienes nos han ofendido): ¿cuáles son mis sentimientos y emociones habituales? ¿Tengo empatía por el prójimo cercano a mí, es decir, soy capaz de participar de sus sentimientos, de su dolor, de su alegría, de su angustia? ¿O, por el contrario, soy apático o indiferente a sus estados anímicos o espirituales?

2) Si noto que soy indiferente, ¿por qué ocurre esto? ¿Tal vez tengo miedo de verme "involucrado" en esos sentimientos? ¿Tengo miedo de sufrir, si trato de acompañar a un corazón que sufre? ¿O es, tal vez, poca generosidad de mi parte? ¿Es por egoísmo, por vivir preocupado o centrado exclusivamente sobre mí mismo?

3) ¿Cuáles son mis sentimientos cuando yo mismo soy causa del sufrimiento de otros?

4) ¿Soy capaz de alegrarme con la alegría de los demás? ¿De "todos" los demás o excluyo a algunos? Y si noto que me incomoda la alegría de algunas personas en particular, ¿a qué se debe? ¿Quizá siento envidia por esas personas o algún rencor poco claro?

5) Aprendamos a pedir a Dios el don de la misericordia:

Señor, de infinita misericordia,
dame un corazón compasivo.
Que no sea extraño al dolor de mis hermanos.
Dame la gracia de decir, como San Pablo:
"¿Quién desfallece sin que desfallezca yo?
¿Quién sufre escándalo sin que yo me consuma?" (2Co 11, 29).
Que el sufrimiento de mis prójimos me llame a socorrerlos,
que su dolor encuentre eco en mis entrañas,
y me impulse a la oración, a la penitencia, y a la acción.
Que no vea un pobre sin inclinarme a auxiliarlo,
un ignorante sin que ilumine su fe vacilante,
un hambriento sin que lo alimente,
un desnudo sin que lo vista,
y un enemigo sin que lo perdone
y le tienda mi mano, como Tú, Señor,
tendiste las tuyas en la cruz, diciendo de mí:
"Padre, perdónalo, porque no sabe lo que hace". Amén.

7. Transformar la memoria de los dolores

(a) Texto para considerar

"Sed benignos unos con otros, compasivos, perdonándoos mutuamente como Dios os ha perdonado a vosotros en Cristo"

(Efesios 4, 32).

(b) Doctrina fundamental[18]

Nuestras reflexiones deben desembocar en el perdón del recuerdo doloroso. La comprensión y la conmiseración deben

---

[18] En este punto entresaco de cuanto he escrito en mi libro *La Trampa Rota*, San Rafael (2008), 256-265.

despejar el camino hacia el perdón que ya no debería encontrar tantos obstáculos.

Ya hemos dicho que perdonar no es olvidar. Aunque quisiéramos olvidar, esto no depende de nosotros. La memoria no está a nuestra disposición de tal modo que podamos cancelar las imágenes y recuerdos que ella conserva. Se trata, pues, de algo distinto que llamaremos "reelaborar la memoria de las heridas". No podemos cancelar la memoria, pero sí *revisarla* y *modificarla*, o, mejor aún, *reelaborar* sus contenidos. Esto se logra con una *lectura más profunda* de los hechos dolorosos *a la luz de Dios y de su Providencia*.

La Sagrada Escritura nos da un ejemplo extraordinario en la maravillosa historia de José vendido por sus hermanos (puede leerse en Génesis, capítulos 37 al 45). José, por ser el preferido de su padre, padeció la envidia, el odio y la decisión de homicidio por parte de sus hermanos. Sólo Rubén lo defendió tímidamente, consiguiendo que el propósito de homicidio se trocase en ¡venderlo como esclavo! Terminó, pues, cautivo en Egipto. Pero, por los caminos de la Providencia divina, su esclavitud se cambió en encumbramiento y años más tarde llegó a ser ministro del Faraón. En esa circunstancia llegan a Egipto, casi como mendigos, sus hermanos, quienes lo creían muerto de tiempo atrás. Y se encuentran con que su vida o su muerte depende ahora de este hombre. José había recibido, en el alma, heridas que habrían amargado definitivamente la existencia de muchos otros en análogas circunstancias. Pero José se limita a decir: "no os pese el haberme vendido, pues para salvar vidas me ha enviado Dios delante de vosotros a Egipto". José no niega ni cancela el recuerdo de su esclavitud y del acto de sus hermanos; tampoco lo deforma para que el acto de sus hermanos parezca a sus ojos irreprensible (como podría haber hecho si dijera: ustedes pensaban hacerme un bien); no hace eso; dice bien claro: "me vendieron" (o sea, "hicieron un mal"). Pero ve todos los hechos a la luz superior de los planes divinos: "para salvar vidas me envió Dios". Dios ha actuado detrás de los malos hechos de sus hermanos, y el bien sacado por Dios da sentido a los males sufridos.

Otro ejemplo lo ofrece Jesús en la parábola del hijo pródigo (Lucas 15). El padre bondadoso, al recibir al hijo que vuelve avergonzado, no trata de disfrazar los hechos de su hijo; no dice "él pensaba que obraba bien", o "no sabía lo que hacía", ni dice "aquí no ha pasado nada" o "hagamos como si no se hubiese ido nunca". Dice con toda claridad "mi hijo estaba muerto"; por lo tanto, reconoce la partida, la muerte, el desgarro producido. Pero ve su retorno bajo una nueva luz: "pero ha resucitado". Lo cual no significa, únicamente, que ha vuelto y todo retorna a su cauce primero. La resurrección transforma el ser. Ha vuelto pero con un corazón resucitado; porque ya no es el muchacho rebelde, indiferente al dolor paterno, egoísta y orgulloso. Es un muchacho que ha tenido que humillarse y que ha comprendido lo que significa hacer sufrir y por eso se humilla a pedir perdón y a mendigar el último lugar en la casa paterna. No es el muchacho que se alejó; es superior a lo que antes fue. El padre ve este bien que costó tanto dolor para su propio corazón: "ha resucitado".

Estos dos ejemplos nos muestran cómo lo que es motivo de herida ácida para unos, puede ser motivo de maduración para otros.

Este trabajo se basa en una verdad fundamental: en todos los hechos de nuestra vida se entretejen numerosas dimensiones físicas, psicológicas, espirituales, naturales y sobrenaturales, individuales y sociales. De ahí que todo mal —sin dejar de ser mal y por tanto sin dejar de obligarnos a evitarlo o a repararlo—, una vez ocurrido, *puede ser transformado* por un bien superior. San Pablo diría que puede ser "vencido" por un bien superior (Rm 12, 21: *No te dejes vencer por el mal, antes bien, vence al mal con el bien*).

Así, los males físicos, los traumas psicológicos y aún los fracasos espirituales (incluso el pecado), pueden ser ocasión de otros bienes (no intentados por quien hizo el mal, pero permitidos por Dios en orden a un bien más grande). Del pecado de Adán, Dios tomó ocasión para "crear" el orden de la Redención; y así la Iglesia canta "oh, feliz culpa, que nos mereció tal Redentor".

Los males más grandes de la vida —que no son sino privaciones, carencias del bien debido—, pueden ser (o han sido o podrían llegar a ser en el futuro) ocasión de humildad, de comprensión ante el dolor y el fracaso ajeno; de forjar un corazón compasivo.

Curar la memoria sin cancelarla es mirar sin miedo (¡no sin sufrimiento!) aquello que nos dolió (y duele), que nos humilló (y humilla), y verlo a la luz del bien que vino después (o que puede estar aún por venir *en esta vida o al menos en la otra*; o que *ya está llegando* al tratar de mirarlo de este nuevo modo). A quien tiene fe, esto le ha de resultar más fácil. Quien no tiene fe encontrará más dificultades, aunque puede lograrlo, al menos parcialmente.

Este englobar los sucesos, las personas implicadas, etc., en la gran cadena de "mayores bienes" (quizás de otro orden, como cuando los males son físicos e irremediables, pero dan origen —o Dios da origen con ocasión de ellos— a bienes espirituales) es el núcleo de lo que cristianamente llamamos perdonar (y del pedir perdón). Como muy bien tituló una obrita suya el gran convertido Abraham Soler: "Estoy ciego y nunca vi mejor".

Perdonar no es olvidar ni cancelar la memoria, sino transformarla.

He aquí un ejemplo notable entre muchos. En 1937, Alois Stepinac fue nombrado arzobispo de Zagreb. El 17 de mayo de 1945, el arzobispo es encarcelado por el régimen comunista de Josip Tito, aunque se ve obligado a dejarlo en libertad pocos días más tarde. Comienzan, desde entonces, persecuciones contra el prelado: calumnias, amenazas, asesinatos de sus sacerdotes, etc. El 18 de septiembre de 1946, a las 5 de la madrugada, la milicia irrumpe en el arzobispado y se precipita hacia la capilla donde está rezando el prelado. Conminado a seguir a los policías, responde: "Si estáis sedientos de mi sangre, aquí me tenéis". El 30 de septiembre, comienza un proceso que el Papa Pío XII calificará de "lamentable". Gracias a la fortaleza propia de una conciencia recta y pura, Monseñor Stepinac no desfallece ante los jueces. En medio de una gran tranquilidad, y seguro de la protección de "la abogada de Croacia, la más fiel de las madres", la Santísima Virgen María, el 11 de octubre escucha la injusta sentencia que se pronuncia contra él, que le condena a prisión y a trabajos forzados durante dieciséis años "por crímenes contra el pueblo y el Estado". "Las razones de la persecución que padeció y del simulacro de juicio que se organizó contra él, dirá el Papa Juan Pablo II el 7 de octubre de 1998, fueron su rechazo a las insistencias del régimen para que se separara del Papa y de la Sede Apostólica, y para que encabezara una *Iglesia nacional croata*. Él prefirió seguir siendo fiel al sucesor de Pedro, y por eso fue calumniado y luego condenado".

Durante su encarcelamiento en Lepoglava, Monseñor Stepinac comparte la miserable suerte de cientos de miles de prisioneros políticos. Son numerosos los guardianes que lo humillan, entrando en cualquier momento en su celda e insultándole continuamente. Los paquetes de alimentos que recibe son expuestos durante varios días al calor o estropeados para que resulten incomestibles. El arzobispo guarda silencio, transformando la celda de la prisión en una celda monacal de oración, de trabajo y de santa penitencia. Se lo han quitado todo, excepto una cosa: la posibilidad de rezar; tiene la suerte de poder celebrar la Misa en un altar improvisado. En la última página de su agenda de 1946 escribe lo que sigue: "Todo sea para la mayor gloria de Dios; también la cárcel".

El 5 de diciembre de 1951, cediendo a las presiones internacionales, el gobierno yugoslavo consiente en trasladar al arzobispo a Krasic, su ciudad natal, bajo libertad vigilada. Allí ejerce funciones de vicario, pasando buena parte del tiempo en la iglesia parroquial, donde confiesa durante horas enteras y, cuando le instan a que economice sus ya débiles fuerzas, responde que confesar es uno de sus mayores descansos. En el transcurso de sus primeros días en Krasic, un periodista extranjero le hace la siguiente pregunta: "¿Cómo se encuentra? –Tanto aquí como en Lepoglava, no hago más que cumplir con mi deber. –¿Y cuál es su deber? –Sufrir y trabajar por la Iglesia".

Mientras tanto, el gobierno yugoslavo intenta a cualquier precio provocar una ruptura de los católicos croatas con Roma y fundar una iglesia nacional cismática, con objeto de incorporar a los croatas a la Iglesia ortodoxa serbia. A tal efecto, se llega a crear una "asociación de los santos Cirilo y Metodio" que agrupa a "sacerdotes patriotas" y devotos del régimen. El año 1953 destaca por las agresiones procedentes del gobierno. El recluido arzobispo da ánimos a los sacerdotes y a los fieles mediante una copiosa correspondencia, exhortando a los indecisos y recuperando a las ovejas descarriadas. Más de un sacerdote llega a confesar que "si no hubiera estado allí, quién sabe lo que nos habría pasado". Uno de los principales títeres de Tito, Milovan Djilas, confesará más tarde: "Si Stepinac hubiera querido ceder y proclamar una Iglesia croata independiente de Roma, como nosotros queríamos, lo habríamos colmado de honores".

El 12 de enero de 1953, el Papa Pío XII eleva a Monseñor Stepinac a la dignidad cardenalicia. A finales de 1952 debe ser operado de una pierna y, al año siguiente, se le declara una grave enfermedad de la sangre, cuya causa se debe, según los médicos, a los malos tratos padecidos. Se le dispensan muchos cuidados médicos, pero él se niega a ser tratado en el extranjero, como habría sido necesario; como buen pastor, decide quedarse junto a su rebaño. Pero los métodos del régimen comunista no se flexibilizan. En noviembre de 1952, Tito decide romper las relaciones diplomáticas con el Vaticano, dando simultáneamente la orden a su policía de impedir cualquier visita a Krasic. Los guardianes del prelado (que eran más de treinta en 1954) le insultan y se burlan de él de todas las maneras posibles. El largo proceso seguido para su beatificación llegará a la conclusión, en 1994, de que su muerte fue la consecuencia de los catorce años de aislamiento injusto, de presiones físicas y morales constantes y de sufrimientos de todo tipo. Por eso "queda confiado en adelante a la memoria de sus compatriotas con las notorias divisas del martirio", dijo Juan Pablo II, el 3 de octubre de 1998.

Durante todos aquellos años de reclusión forzosa, el cardenal Stepinac adopta la actitud espiritual que ordenó Nuestro Señor Jesucristo: "Amad a vuestros enemigos y rogad por los que os persigan" (Mt 5, 44). Persevera hasta el final en su resolución de perdonar, y se le oye rezar por sus perseguidores y repetir en voz baja: "No debemos odiar; también ellos son criaturas de Dios". En su "testamento espiritual" escribe lo siguiente: "Pido sinceramente a cualquier persona a la que hubiera podido hacer daño que me perdone, y perdono de todo corazón a todos los que me han hecho daño... Queridísimos hijos, amad también a vuestros enemigos, pues así nos lo ha mandado Dios. Seréis entonces hijos de vuestro Padre que está en los cielos, que hace que el sol salga para los buenos y para los malos, y que hace que llueva tanto para los que hacen el bien como para los que hacen el mal. Que la conducta de vuestros enemigos no os aleje del amor hacia ellos, pues el hombre es una cosa pero la maldad es otra bien distinta".

"Perdonar y reconciliarse, dirá el Papa Juan Pablo II con motivo de la beatificación del cardenal Stepinac, significa purificar la memoria del odio, de los rencores, del deseo de venganza;

significa reconocer que quien nos ha hecho daño es también hermano nuestro; significa no dejarse vencer por el mal, antes bien, vencer al mal con el bien (cf. Rm 12, 21)".

En 1958, los sufrimientos del cardenal se hacen casi intolerables, pero lo más penoso para él es carecer de fuerzas para poder celebrar la Misa. El 10 de febrero de 1960, expira en Krasic, pronunciando estas palabras: "Fiat voluntas tua" (¡Hágase tu voluntad!).

El 7 de octubre de 1998, el Papa Juan Pablo II decía: "En la beatificación del cardenal Stepinac reconocemos la victoria del Evangelio de Jesucristo sobre las ideologías totalitarias; la victoria de los derechos de Dios y de la conciencia sobre la violencia y las vejaciones; la victoria del perdón y de la reconciliación sobre el odio y la venganza".

(c) Reflexiones personales

A la luz de lo dicho, respondamos a las siguientes preguntas, anotándolas en nuestro *Cuaderno de trabajo*:

1) ¿Cuáles son los sentimientos que se despiertan en mi corazón al recordar los incidentes dolorosos que me ha tocado vivir?

2) ¿Qué sentimientos acompañan el recuerdo o la vista actual de las personas que me han herido?

3) Leer la parábola del hijo pródigo (Lucas 15, 11-32) y reflexionar sobre sus enseñanzas.

4) ¿Relaciono mis recuerdos dolorosos con la Providencia divina?

5) ¿Me he preguntado qué querrá Dios de mí al haber permitido que me sucedieran las cosas que me han herido tan profundamente?

6) ¿Estoy dispuesto a transformar mi memoria o todavía quiero quedar anclado en un pasado amargo y esclavizante?

8. Las lecciones que sacamos del perdón

(a) Texto para considerar

"Antes que me hicieras sufrir, yo andaba extraviado;
pero ahora me atengo a tus preceptos.
Tú eres bueno y haces el bien; instrúyeme en tus leyes...

Me estuvo bien el sufrir, así aprendí tus mandamientos...
Reconozco, Señor, que tus mandamientos son justos,
que con razón me hiciste sufrir.
Venga ahora tu misericordia a consolarme,
según la promesa que hiciste a tu siervo"

(Salmo 118, 67-76).

(b) Doctrina fundamental

En el punto anterior decíamos que debemos *transformar* la memoria, sacando las lecciones del dolor sufrido, en lugar de encapsularnos en el sufrimiento, resentidos contra quien materialmente lo ha causado o contra Dios que lo ha permitido. Si el dolor, el fracaso o la humillación, nos permiten sacar una enseñanza que nos haga mejores en el futuro, más santos, más virtuosos, más confiados en Dios, etc., esa experiencia negativa termina cobrando "sentido", y el perdón puede albergarse de modo efectivo en el alma, curándola. Esto se dice pronto, pero no es siempre fácil lograrlo.

¿Qué lecciones *positivas* pueden dejarnos el dolor, la humillación, la ofensa, el pecado? ¡Más cuando somos nosotros mismos quienes hemos obrado la injusticia, la iniquidad, la traición, porque el rencor se dirige hacia nosotros, sin poder perdonarnos haber obrado así contra los que deberíamos haber amado, cuidado, protegido! Pienso en aquellos y aquellas que no pueden perdonarse el haber abandonado a sus cónyuges, a sus hijos, el haber abortado un hijo, el no haber hecho algo para impedir un suicidio, etc. ¿Podemos también en estos casos sacar alguna *buena lección*? La respuesta siempre es: sí, se puede; incluso en casos así.

(i) Las ofensas e injurias recibidas, y los dolores que se siguen de ellas, a menudo nos sirven para aprender mejor cuáles son nuestros límites. No debe extrañarnos que muchos de los males padecidos se deban a nuestra inexperiencia, imprudencia, falta de circunspección, o al desconocimiento de nuestras propias fuerzas. Las humillaciones padecidas por Sancho Panza, cuando se probó los atuendos de gobernador de Barataria (recomiendo leer los capítulos 45 a 54 de la Segunda Parte del *Quijote*, de Cervantes), se debieron a haberse metido en camisa de once varas. Por eso, cuando su amigo Ricote, le pregunta: "Y ¿qué has ganado en el gobierno?", responde Sancho: "He ganado el haber conocido que no soy bueno para gobernar, si no es un hato de ganado, y que las riquezas que se ganan en los tales gobiernos son a costa de perder el descanso y el sueño, y aún el sustento".

(ii) De ahí que los males padecidos, incluso los ultrajes, nos enseñen a ser más prudentes y a mejor gobernarnos a nosotros mismos en adelante.

(iii) Para quienes las lastimaduras recibidas tienen su causa en su soberbia, aquéllas pueden ayudarle a proponerse ser más humildes. El Conde Lucanor tiene un cuento que titula "Lo que sucedió a un rey cristiano que era muy poderoso y muy soberbio", en el que relata las desgracias que comienzan a sobrevenir a un monarca a causa de su destacada soberbia: perdió el respeto de sus vasallos, fue abochornado y se vio obligado a pedir limosna, hasta que "Dios, que siempre quiere el arrepentimiento de los pecadores y por ello les busca un camino para su salvación, del que sólo se apartan por su propia culpa, hizo que aquel desdichado, que tan pobre y humillado se veía a causa de su soberbia, comenzara a pensar que todas sus desgracias eran castigo de sus pecados, sobre todo de su orgullo". Sólo entonces empezó a pensar en su alma, y las vergüenzas que pasó en ese tiempo terminaron por transformarse en su tabla de salvación.

(iv) Para otros, el sufrimiento recibido de algunos prójimos los lleva a entender que la confianza hay que ponerla principalmente en Dios y no en los hombres. Y sin dejar de contar con la ayuda de los demás, hay que esperarla principalmente del único que puede y quiere responder por nosotros en toda circunstancia, es decir, Dios, que, a pesar de permitir el sufrimiento, es Padre amoroso.

(v) Para todos, el padecer humillaciones, maltratos, injurias y desprecios, es una preciosa oportunidad para entender en carne propia *algo* de lo que Jesucristo padeció a favor cada uno de nosotros y a causa de cada uno de nosotros.

(vi) Las heridas que hemos recibido, si han sido muy profundas, nos ayudan a comprender también el corazón de Dios Padre, a quien nosotros hemos ofendido con nuestros pecados. El hijo pródigo de la parábola de nuestro Señor (cf. Lucas 15), toma conciencia del dolor que debe haber causado a su padre, cuando él es abandonado por los amigos que se aprovecharon de sus tiempos prósperos, cuando es enviado a cuidar cerdos y cuando comienza a ser tratado con menos miramiento que los animales que él cuida. Recién en esos momentos se dice: "iré a mi padre y le diré: padre he pecado contra el cielo y contra ti, no merezco ser llamado hijo tuyo". Las injusticias y atropellos de que quizá hemos sido víctimas en nuestra vida, ¿no se parecen en algo a los pecados que hemos cometido contra el corazón de Dios Padre? Sí, se parecen.

(vii) Nuestros tormentos también nos deberían ayudar a tener un corazón más comprensivo con los que sufren males semejantes al nuestro. De Jesucristo dice la Carta a los Hebreos: "Por eso tuvo que asemejarse en todo a sus hermanos, para ser misericordioso y Sumo Sacerdote fiel en lo que toca a Dios, en orden a expiar los pecados del pueblo. Pues, habiendo sido probado en el sufrimiento, puede ayudar a los que se ven probados" (Hb 2, 17-18). Si Jesucristo, para compadecerse adecuadamente, fue probado con el dolor para entender con su propia experiencia hasta dónde llega el dolor de un corazón esclavizado por la angustia, ¿por qué nos sorprende que no lleguemos a entender ciertos sufrimientos sino cuando los padecemos en carne propia? Para poder compadecer, consolar y ayudar al esclavo de sus rencores, permite Dios que a veces nosotros mismos debamos librarnos del resentimiento tirano.

(viii) Las heridas que hemos recibido de otros nos sirven asimismo para entender en qué podríamos convertirnos nosotros si obráramos con alguien como ellos han obrado con nosotros. Hombres y mujeres hay que se mantienen fieles a pesar de las dificultades de su matrimonio, *porque no quieren hacer sufrir a sus hijos lo que sus padres les hicieron sufrir a ellos al separarse.* Muchas personas hay que son compasivas con los necesitados porque saben cuánto dolor causa la persona insensible y despiadada, *pues han sufrido en carne propia tales tratos.* En otras palabras, el dolor también nos hace entender la fealdad y malicia del que hace sufrir, y nos invita a no repetir las atrocidades de quienes nos han afligido.

En agosto de 2008, fue publicado un relato que llevaba por título: "Fui violada y quedé embarazada a los 16 años; pero aún así amo a mi bebé"[19]. El testimonio fue recogido por el periódico

---

[19] Fue publicado por Aciprensa, el 21/08/08.

Daily Mail de boca de la joven Elizabeth Cameron (de 19 años en el momento de la entrevista). En diciembre de 2005 Elizabeth tenía 16 años de edad y era una chica estudiosa y tímida. Una noche después de clases, mientras esperaba que su madre la recogiera de su centro de estudios, tres encapuchados la metieron en una camioneta por la fuerza y la violaron. Nunca pudo reconocerlos. Cuando supo que estaba embarazada, el sufrimiento aumentó. "Todo el mundo, salvo mi mamá, decía que debía abortar. Mi papá incluso concertó una cita en la clínica, ahí trataron de convencerme de que era sólo una masa de células y que todo sería muy rápido", relataba Elizabeth a los periodistas. "En la escuela, mis amigos —la mayoría de los cuales no sabía de la violación— no podían entender por qué alguien de mi edad querría tener un bebé en vez de un aborto. Y los pocos a los que conté lo sucedido se horrorizaban más al saber que pretendía tener al bebé. Pero yo lo hice. Y no me arrepiento ni por un momento", aseguraba la joven.

"Cada vez que miro a Phoebe (su hija), sé que tomé la decisión correcta. Nunca quise poner fin a la vida de mi bebé sólo por la forma en que fue concebida". Según el reportaje del Daily Mail, Elizabeth alguna vez compartió la idea de que dar a luz al hijo de un violador es impensable, pero desde que vio a su bebé en el primer ultrasonido sintió mucha ternura. "Me sorprende lo fácil que surgió el amor por mi hija mientras crecía dentro de mí, pero debo admitir que temía que mis sentimientos cambiaran cuando la viera por primera vez". Durante el embarazo Elizabeth tuvo muchas pesadillas sobre el ataque y pensaba que al tener al bebé recordaría más la violación. "Pero mi hija no me recordó esa noche y al tenerla supe que estar con ella era más importante que lo que había ocurrido". "No pude considerar entregarla en adopción. Mi madre fue abandonada de bebé en una estación de trenes de Londres y eso la afectó mucho. Crecí rechazando que alguien pudiera abandonar a un niño inocente". Elizabeth agregaba en su entrevista: "Nunca he culpado a Phoebe por lo ocurrido. Aunque lo ocurrido fue aterrador, saber que iba a ser madre me ayudó a concentrarme en otra cosa. Supuse que debía tratar de ver más allá de lo ocurrido, y ver la vida que se había creado". Elizabeth se prepara para el momento en que su hija crezca y le pregunte por su padre: "Si debo hacerlo, le diré que *ella fue lo bueno que surgió de algo malo.* Y le diré que nunca me arrepentí de tenerla y que no estaría lejos de ella por nada del mundo".

(c) Reflexiones personales

A la luz de lo dicho, respondamos a las siguientes preguntas, anotándolas en nuestro *Cuaderno de trabajo*:

1) Pedir a Dios la gracia de convertir el mal en bien, dentro de mi corazón.

2) Pensar en algunos sucesos difíciles de la vida pasada, tratando de ver qué lecciones buenas podemos sacar de ellos.

3) En nuestra propia vida, ¿cuáles son las cosas buenas que, por la misericordia de Dios, han salido de sucesos malos o amargos?

9. El paso difícil: mostrar el perdón al ofensor

(a) Texto para considerar

"Yo os digo a los que me escucháis: Amad a vuestros enemigos, haced bien a los que os odien, bendecid a los que os maldigan, rogad por los que os difamen"

(Lucas 6, 27-28).

"Pedro le pregunta: *Señor, ¿cuántas veces tengo que perdonar las ofensas que me haga mi hermano? ¿Hasta siete veces?* Jesús responde: *No te digo hasta siete veces, sino hasta setenta veces siete*"

(Mateo 18, 21-22).

En hebreo, *setenta veces siete* significa lo mismo que "siempre".

(b) Doctrina fundamental

Por la delicadeza y dificultad de este paso, comencemos primero con una anécdota. El 10 de noviembre de 1996 Juan Pablo II cumplió 50 años de sacerdocio. Para homenajearlo se unieron a él, en Roma, obispos y sacerdotes ordenados, como él, en 1946. Entre los testimonios que dieron de sus propias experiencias sacerdotales, fue particularmente emotiva la del padre jesuita Anton Luli, albanés, a quien tocó pasar casi toda su vida sacerdotal en la oscuridad de la persecución. El P. Luli fue tomado prisionero en 1947, recién ordenado sacerdote, cuando

85

tenía 37 años de edad; recién sería liberado en 1989 a los 79 años de edad, tras cuatro décadas de prisión: "Santo Padre —dijo en aquella oportunidad— yo acababa de ser ordenado sacerdote cuando a mi país, Albania, llegó la dictadura comunista y la persecución religiosa más despiadada. Algunos de mis hermanos en el sacerdocio, después de un proceso lleno de falsedades y engaño, fueron fusilados y murieron mártires de la fe. Así celebraron, como pan partido y sangre derramada por la salvación de mi país, su última Eucaristía personal. Era el año 1946. A mí el Señor me pidió, por el contrario, que abriera los brazos y me dejara clavar en la cruz y así celebrara, en el ministerio que me era prohibido y con una vida transcurrida entre cadenas y torturas de todo tipo, mi Eucaristía, mi sacrificio sacerdotal. El 19 de diciembre de 1947 me arrestaron con la acusación de agitación y propaganda contra el gobierno. Viví diecisiete años de cárcel estricta y muchos otros de trabajos forzados. Mi primera prisión, en aquel gélido mes de diciembre en una pequeña aldea de las montañas de Escútari, fue un cuarto de baño. Allí permanecí nueve meses, obligado a estar agachado sobre excrementos endurecidos y sin poder enderezarme completamente por la estrechez del lugar. La noche de Navidad de ese año –¿cómo podría olvidarla?– me sacaron de ese lugar y me llevaron a otro cuarto de baño en el segundo piso de la prisión, me obligaron a desvestirme y me colgaron con una cuerda que me pasaba bajo las axilas. Estaba desnudo y apenas podía tocar el suelo con la punta de los pies. Sentía que mi cuerpo desfallecía lenta e inexorablemente. El frío me subía poco a poco por el cuerpo y, cuando llegó al pecho y estaba para parárseme el corazón, lancé un grito de agonía. Acudieron mis verdugos, me bajaron y me llenaron de puntapiés. Esa noche, en ese lugar y en la soledad de ese primer suplicio viví el sentido verdadero de la Encarnación y de la Cruz. Pero en esos sufrimientos tuve a mi lado y dentro de mí la consoladora presencia del Señor Jesús, Sumo y Eterno Sacerdote, a veces incluso con una ayuda que no puedo menos de definir 'extraordinaria', pues era muy grande la alegría y el consuelo que me comunicaba. Pero nunca he guardado rencor hacia los que, humanamente hablando, me robaron la vida. Después de la liberación me encontré por casualidad en la calle con uno de mis verdugos: sentí compasión de él, fui a su encuentro y lo abracé. Me liberaron en la amnistía del año 1989. Tenía 79 años".

Con muy buen tino, Dennis y Matthew Linn señalan que los cuatro pasos del perdón son los que indicó Jesucristo en el Sermón de la Montaña, en el texto que hemos propuesto para "considerar" al comienzo de este punto: "Yo os digo a los que me escucháis: Amad a vuestros enemigos, haced bien a los que os odien, bendecid a los que os maldigan, rogad por los que os difamen" (Lc 6, 27-28)[20].

(i) Primero: amad a vuestros enemigos. El amor comienza no con cálidos afectos sino con la firme decisión de imitar a Jesús decidiendo perdonar aún antes de sentir deseo de perdonar. Como Cristo que ofrece su perdón a sus enemigos pidiendo al Padre que los perdone (cf. Lc 23, 24). Jesús subraya la palabra enemigo, metiendo así el dedo en nuestra llaga: nos hace experimentar la profundidad de la herida, al recordar que no demanda el perdón de la persona que nos resulta simpática, sino de quien nos es hostil. Como esto es un don de Dios, frecuentemente para poder perdonar de este modo, hay que pedir a Dios la gracia de hacerlo.

(ii) Segundo: hacer el bien al que nos odia, incluso, como se dice a continuación (cf. Lc 6, 29), si esto implica poner la otra mejilla o darle el manto sin esperar pago a cambio. Significa hacer el bien a la persona que no nos hace bien, o que no busca nuestro bien. Esto es, afectivamente, muy difícil, pero es lo que Dios ha hecho con nosotros.

(iii) Tercero: bendecir al que nos maltrata. Bendecir, tanto en el sentido de decir cosas buenas, cuanto en el de interpretar bien los hechos ajenos que nos hacen sufrir. Muchas veces, las cosas que nos hieren del prójimo están en nuestra cabeza y no en la realidad (Marcelino Champagnat señala que la mayoría de las cosas que nos hieren de parte de nuestro prójimo, son cosas que ni siquiera llegan a defectos personales, como su tono de voz, su lentitud o rapidez para hacer las cosas, etc.[21]).

---

[20] Linn, Dennis and Matthew, *Healing of Memories*, New York (1974).

[21] Dice el Santo en su escrito titulado "Las pequeñas virtudes": "El tercer motivo [por el que tenemos que practicar estas virtudes] es, no ya la poca importancia de los defectos, sino también a menudo la ausencia de toda falta.

(iv) Cuarto: rezar por los que nos persiguen. La oración es lo que cambia más radicalmente nuestro corazón; pero la verdadera oración es la que nace de la misericordia, a imitación de la oración de Cristo que brota de su compasión. Cuando rezamos para perdonar a la persona que nos hace el mal o nos ha hecho el mal, nos ponemos "en sus zapatos"; y es sólo en ese momento, en que el mal que nos han hecho o nos están haciendo, deja de destruir nuestro corazón y nuestra mente, aunque abrume nuestro cuerpo.

El perdón podemos mostrarlo de muchas maneras, aunque hay veces que debemos hacerlo sólo ante Dios. En efecto, no siempre es posible, o bien puede ser imprudente, restablecer una relación con quienes nos han herido. No podemos pedir perdón a quienes nos han dañado si ya han muerto, si no tenemos posibilidad de establecer algún contacto con ellos, si ignoramos qué ha sido de sus vidas. No es conveniente hacerlo si esto revive las heridas que esa persona ya cree cicatrizadas, si esto pudiese poner en peligro su vida psicológica (si decimos a una persona que lo perdonamos por sufrimientos pasados que han venido atormentándonos desde hace años, tal vez echemos sobre su conciencia una carga actualmente demasiado pesada para el ofensor), etc. Pero si es posible y prudente, siempre es bueno mostrar nuestro perdón.

De ahí que este acto tenga muchas formas posibles. Puede bastar quizá una palabra: "te perdono". O un gesto, como el padre del hijo pródigo, haciendo una fiesta para el hijo descarriado que vuelve al seno del padre. Nuestro perdón puede estar representado en un obsequio. Muchas veces no podemos hacerlo

---

Efectivamente, se han de sufrir del prójimo muchas cosas indiferentes en sí mismas y que de ningún modo se pueden atribuir a culpa. Tales son las facciones de la cara, la fisonomía, el tono de la voz, la figura del cuerpo, que tal vez no son de nuestro agrado; las enfermedades o achaques corporales o morales que nos repugnan, etc. También debe contarse aquí la diversidad de caracteres y su oposición al nuestro. El uno es naturalmente serio, el otro alegre; éste es tímido, aquél atrevido; quien es muy lento y se hace esperar, quien muy vivo e impetuoso y quisiera obligarnos a que fuésemos al vapor o como por telégrafo. La razón pide que vivamos en paz en medio de esta diversidad de naturales, y que nos acomodemos al gusto de los demás por medio de la flexibilidad, de la paciencia y de la condescendencia. El turbarse por esta diversidad de caracteres, sería tan poco razonable, como el enfadarse de que otro halle buena y agradable la fruta o dulce de que nosotros no gustamos" (San Marcelino Champagnat, *Sentencias y Avisos*, capítulo 28).

más que a través de la oración, como hizo Jesús: "Padre, perdónalos porque no saben lo que hacen". En el Misal que los sacerdotes usan para celebrar la Santa Misa, entre las Misas calificadas "Por algunas necesidades particulares" se incluye la que lleva por título: "Pro affligentibus nos", *Por los que nos afligen*. El rezar por los enemigos, por los que nos han hecho daño, por los que son causa de nuestro dolor, no sólo es un sentimiento cristiano, sino, además, un indicio de predestinación, como señalan los teólogos[22]. Los sacerdotes, por eso, hacen mucho bien en celebrar de vez en cuando esta Misa, y los fieles cumplen una magnífica obra de caridad, es decir, de perdón, haciendo ofrecer alguna Misa por la conversión y salvación de quienes les han hecho el mal.

La historia del cristianismo está llena de hechos magníficos de perdón, como el caso de la escritora cristiana holandesa Corrie Ten Boom (de la Iglesia Reformada de los Países Bajos), que sobrevivió los campos de concentración nazi, a los que había ido junto con su familia por esconder a judíos de su país. Al comienzo Corrie odiaba a los nazis. Su hermana Betsie, prisionera con ella, le ayudó a verlos como personas atormentadas y esclavas de los poderes de este mundo. Y sobre todo le enseñó a perdonar. Betsie murió en los campos, mientras que Corrie fue liberada por un error burocrático. Todas las prisioneras de su edad fueron ejecutadas una semana después.

Tras la guerra, Corrie escribió al ciudadano holandés que había delatado a su familia, expresándole su perdón. Éste recibió la carta en la cárcel, y se convirtió a Cristo unas semanas antes de ser ejecutado. En sus escritos, Corrie señala que después de la guerra mundial, las víctimas que pudieron perdonar a sus verdugos fueron las que mejor pudieron rehacer sus vidas. En 1947, cuando Corrie estaba en Alemania, se le acercó uno de los guardias más crueles del campo de concentración de Ravensbrück. Corrie sentía

---

[22] De hecho, uno de los signos por los que podemos conjeturar que una persona está predestinada por Dios a la salvación eterna es la práctica de las obras de misericordia (como dice el libro de Tobías 4, 10: "la limosna —misericordia— libra de la muerte y preserva de caer en las tinieblas"), y con dos de ellas tiene que ver el perdón: "perdonar las injurias" y "sufrir con paciencia las debilidades del prójimo" (cf. Royo Marín, A., *Teología de la salvación*, Madrid [1965], n. 103).

que no podía perdonarle, pero lo hizo por imitar a Jesús. Según cuenta ella misma: "Por largo tiempo nos estrechamos las manos, el antiguo guarda y la antigua prisionera. Nunca he experimentado el amor de Dios tan intensamente como en ese momento".

(c) Reflexiones personales

A la luz de lo dicho, respondamos a las siguientes preguntas, anotándolas en nuestro *Cuaderno de trabajo*:

1) ¿Cuántas veces en mi vida he perdonado a los que me han hecho daño? ¿Cuánto tiempo he tardado en perdonar en esas ocasiones?

2) En esas situaciones, ¿mi perdón ha sido sincero y generoso, o, por el contrario, he perdonado pero al mismo tiempo mostrando desprecio o humillando al que me ofendió?

3) ¿He rezado alguna vez por la conversión de aquellos que me han hecho el mal?

4) ¿Estoy dispuesto a pedir por ellos de ahora en adelante?

5) Además de rezar, ¿hay alguna otra cosa que pueda hacer por alguno de los que me han ofendido que no sea contraproducente ni imprudente?

4. EXPERIMENTAR LA LIBERTAD DEL PERDÓN

1. El perdón y la confesión

(a) Texto para considerar

"Sucedió que estando Jesús a la mesa en casa de Mateo, vinieron muchos publicanos y pecadores, y estaban a la mesa con Jesús y sus discípulos. Al verlo los fariseos decían a los discípulos: '¿Por qué come vuestro maestro con los publicanos y pecadores?' Pero él, al oírlo, dijo: 'No necesitan médico los que están fuertes sino los que están enfermos. Id, pues, a aprender qué significa aquello de: *Misericordia quiero, y no sacrificio*. Porque no he venido a llamar a justos, sino a pecadores'"

(Mateo 9, 10-13).

(b) Doctrina fundamental

Si hemos guardado resentimiento y rencor, es en la confesión sacramental donde debemos terminar nuestro trabajo, porque sólo la absolución sacramental puede concluir el proceso de reconciliación con nuestro prójimo, con Dios y, como consecuencia, con nosotros mismos. Es lo que enseñó Jesús en el Padre Nuestro, al mandarnos orar a Dios diciendo: "Perdona nuestras ofensas así como nosotros perdonamos a los que nos ofenden". Enseñó que debemos perdonar *para* ser dignos de poder pedir perdón nosotros mismos a Dios; el perdón de nosotros al prójimo se ordena a nuestro perdón de parte de Dios.

En el Sermón de la Montaña, Jesús enseñó: "Si al presentar tu ofrenda en el altar te acuerdas entonces de que un hermano tuyo tiene algo contra ti, deja tu ofrenda allí, delante del altar, y vete primero a reconciliarte con tu hermano; luego vuelves y presentas tu ofrenda" (Mt 5, 23-24). Debemos ver también el reverso de este mandato: cuando te hayas reconciliado con tu hermano —sea que le pidas perdón por tus ofensas como perdonándole a él las injurias que te haya hecho— ve y presenta tu ofrenda a Dios. O sea, entonces puedes ir y hablar con Dios y pedirle a Dios lo que necesitas, especialmente cuando lo que necesitas es el perdón de tus pecados, porque: "si vosotros perdonáis a los hombres sus ofensas, os perdonará también a vosotros vuestro Padre celestial; pero si no perdonáis a los hombres, tampoco vuestro Padre perdonará vuestras ofensas" (Mt 6, 14-15).

Con toda evidencia: quien ha perdonado a su prójimo las ofensas recibidas, recibe a su vez el perdón divino en el sacramento de la confesión de una manera totalmente especial. Entiende que ese perdón es eficaz y que penetra en lo profundo del corazón, porque él sabe también lo que es perdonar agravios.

(c) Reflexiones personales

A la luz de lo dicho, respondamos a las siguientes preguntas, anotándolas en nuestro *Cuaderno de trabajo*:

1) ¿He confesado en el pasado mis rencores y mis dificultades para perdonar? ¿O, por el contrario, he evitado tocar este tema en el sacramento de la confesión?

2) ¿He considerado, quizá, que este punto no era necesario de confesar?

3) La dificultad para perdonar, ¿ha hecho penosas mis confesiones?

4) ¿Me han exigido en la confesión que perdone a quienes me han hecho el mal? De ser así, ¿cómo he tomado esas exigencias?

5) ¿Me ha alejado de la confesión el creerme incapaz de perdonar?

6) ¿Estoy dispuesto a dar este paso ahora?

7) Para quienes deseen examinar su conciencia sobre este punto, incluyo aquí un examen sobre el amor a los enemigos, sus obligaciones y mis límites:

1° ¿Hay algún precepto que mande amar a los enemigos? Ciertamente. Está enunciado en San Mateo: "Amad a vuestros enemigos y rogad por los que os persigan" (5, 44). Este mandamiento es el mismo que el que nos manda amar al prójimo, y obliga en los mismos tiempos y circunstancias que éste.

2º ¿Existía este mandamiento en la ley antigua? No sólo en la ley antigua sino también la ley natural. Por eso explica Santo Tomás la expresión del Sermón de la montaña que dice "Habéis oído que se dijo: Amarás a tu prójimo y odiarás a tu enemigo" (Mt 5, 43): "En la ley antigua los hombres también estaban obligados a amar a los enemigos; de ahí que cuando se lee 'odiad a vuestro enemigo', no está tomado de la ley, porque esto no se encuentra [*literalmente*] en ningún lugar de la ley [= *Sagrada Escritura*], sino que así lo había añadido la mala interpretación de los judíos"[23].

3º ¿Qué manda el precepto de amar a los enemigos? Este mandamiento tiene un aspecto afirmativo y otro negativo. De forma negativa este mandamiento prohíbe aborrecer al enemigo, desearle algún mal, alegrarnos de su mal, o conservar rencor en el corazón. De modo positivo o afirmativo manda tres cosas: perdonarle las ofensas; incluirlo en el amor general del prójimo; y tener preparado el ánimo para ayudarle particularmente, cuando lo viéremos en necesidad espiritual o temporal.

4º ¿Es lícito excluir al enemigo del beneficio común que se hace a todo un pueblo o comunidad? No es lícito, hablando estrictamente; porque esto sería dar a entender la interior aversión que se le tiene. De todos modos, no sería algo malo si quien lo excluye de un beneficio fuese su superior o quien tiene alguna autoridad, y lo hace para corregirlo (como el maestro excluye a quienes se han portado mal de un beneficio que concede a los que se portaron bien).

5º ¿Estamos obligados a dar muestras de amor a los enemigos? Sólo estamos obligados a mostrarle las señales de amor comunes a toda persona; lo contrario —excluirlos— sería demostrar que se conserva hacia él deseo de venganza. Pero no hay obligación de darles señales especiales de que los amamos; porque estas señales no están mandadas, aunque sí están aconsejadas para quien quiera tender a la perfección. Por esta causa una persona no está obligada a hospedar en su

---

[23] Santo Tomás, In 3 Sent., dist. 31 q. 1. art.1. ad. 2.

casa a su enemigo; a tener familiaridad con él; a visitarlo con frecuencia si está enfermo; ni a darle otras pruebas de esta clase, a no ser que de no darlas, se hubiese de seguir algún escándalo; o a menos que el ofensor tenga algún parentesco cercano con uno (padre, madre, hijos, hermanos, parientes, o amigos), porque a estos no se les pueden negar estas señales especiales.

6° ¿Estamos obligados a saludar al enemigo cuando lo encontramos? Regularmente no hay tal obligación, por ser esta demostración una señal particular de amor, ya que ni aun a los amigos estamos obligados a saludar cada vez que los encontramos. Pero si estamos saludando a un grupo de personas entre las cuales se halla una persona enemistada con nosotros, y el no saludarla daría a entender que la excluimos por odio, no podríamos excluirla lícitamente. Los hijos, súbditos, o inferiores están obligados a saludar a sus padres, superiores, etc., aunque les parezca ser sus enemigos, por pedirlo así la buena educación, y mucho más la piedad, reverencia y sumisión que se les debe. Si el enemigo nos saluda primero, es grave la obligación de devolverle el saludo, por ser esta una señal común debida a todos.

7° ¿Pueden los padres o superiores, negar la palabra a sus inferiores, súbditos, o hijos por alguna riña, o enemistad tenida con ellos? Nunca es lícito hacerlo por odio o malevolencia; porque esto contradice la caridad. Pero puede negárseles esta señal si se hace para corregirlos; para que conociendo su desorden por la severidad del semblante y el silencio, se enmienden y corrijan. Pero nunca debe el castigo exceder al delito, ni debe durar mucho tiempo la dicha demostración, porque termina engendrando rencor verdadero.

8° ¿Pecan gravemente los parientes que por razón de alguna pelea se niegan el trato acostumbrado? Cometerán culpa grave si por mucho tiempo perseveran de esa manera, tanto por el mutuo amor que debe inspirarles el parentesco, cuanto por el escándalo que de ello se sigue en los que ven las familias desunidas, peleadas y divididas. Salvo que sea una discusión leve y la dureza del trato dure poco tiempo, en cuyo caso el pecado sólo sería leve.

9° ¿Es pecado desear mal a los enemigos y pecadores? Siempre es pecado desearles el mal como tal (es decir, porque queremos que sufran, que les vaya mal, que fracasen, etc.); pero no es pecado cuando se les desea el mal puramente temporal para su bien espiritual, como cuando se desea que a alguien le vaya mal en algún negocio, para que de este modo cambie su mala vida, o para que de este modo deje de hacer el mal a los inocentes. Pero esto siempre tiene el riesgo de que disfracemos un verdadero odio con la máscara del "celo por el alma del enemigo"; pero eso, este tipo de "males correctivos" debemos mejor dejarlos en manos de la sabiduría divina.

10° ¿Hay algún precepto que nos obligue a reconciliarnos con nuestros enemigos? Sí, lo hay, y fue dado por el mismo Jesucristo: "Si, pues, al presentar tu ofrenda en el altar te acuerdas entonces de que un hermano tuyo tiene algo contra ti, deja tu ofrenda allí, delante del altar, y vete primero a reconciliarte con tu hermano; luego vuelves y presentas tu ofrenda" (Mt 5, 23-24).

11° ¿A qué está obligado el que ha ofendido a otro? Ante todo, debe arrepentirse de la ofensa que hizo al prójimo; también está obligado a darle, cuanto antes pueda, la satisfacción correspondiente (a veces hay que reparar los daños económicos, si se lo ha perjudicado, o su fama si se lo ha calumniado, etc.). Pero a veces es conveniente esperar algún tiempo antes de este último paso, para que entretanto se le mitigue el dolor al ofendido, y se sosiegue su ánimo agraviado. Esta obligación, dice San Agustín, no toca a los superiores cuando han ofendido a sus súbditos, si con esto se perjudica la autoridad; en este caso hay dos bienes en conflicto y es peor que se destruya la autoridad y no que se deje de pedir perdón; de todos modos, sí tiene el superior la obligación de reparar la fama y la injusticia cometida contra su inferior; esto ya sería suficiente muestra de arrepentimiento.

12° ¿A qué está obligado el ofendido? Ante todo a no tener odio al ofensor; también a perdonarle de corazón la ofensa; finalmente, a admitir la reconciliación que le ofrezca; porque así lo pide la caridad.

13º ¿Está obligado el ofendido, no sólo a perdonar la injuria al ofensor, sino también a condonarle la satisfacción por los daños causados? Mientras deje de lado todo odio y enemistad, no está obligado a condonarle la satisfacción, ni la compensación de daños; porque a uno y otro tiene claro derecho de justicia; y aun algunas veces ni convendrá ni podrá el ofendido hacerlo (por ejemplo, si se trata de un padre de familia y el agravio ha perjudicado a sus hijos). Esto no quiere decir que no haga una gran obra de caridad y perfección si quiere perdonar también la deuda al ofensor; pero esto debe regularlo la prudencia en cada caso.

2. El perdón y la libertad

(a) Texto para considerar

"Bendice a Dios, alma mía,
no olvides sus muchos beneficios.
Él, que perdona todas tus culpas,
que cura todas tus dolencias,
rescata tu vida de la tumba,
te corona de amor y de ternura.
Dios, el que hace obras de justicia,
y otorga el derecho a todos los oprimidos,
Clemente y compasivo es Dios,
tardo a la cólera y lleno de amor;
no se enoja eternamente
ni guarda para siempre su rencor;
no nos trata según nuestros pecados
ni nos paga conforme a nuestras culpas.
Como se alzan los cielos por encima de la tierra,
así de grande es su amor para quienes le temen;
tan lejos como está el oriente del ocaso
aleja él de nosotros nuestras rebeldías.
Cual la ternura de un padre para con sus hijos,
así de tierno es Dios para quienes le temen;
porque él sabe de qué estamos plasmados,
se acuerda de que somos polvo"

(Salmo 103).

(b) Doctrina fundamental

Uno de los efectos más notables del perdón es la libertad del alma, del mismo modo que uno de los frutos más destacados del resentimiento es la opresión.

Tendemos a pensar que la dependencia afectiva se produce sólo en el orden de los afectos positivos, como cuando uno está excesivamente apegado (enamorado) a una persona (o a una cosa) y es incapaz de vivir sin ella. Sin embargo, existe también la dependencia con los afectos negativos, como en el caso del odio o del rencor. Para quien odia, la persona odiada se vuelve *indispensable*; lo mismo ocurre para quien guarda rencor. Esta "indispensabilidad" del objeto o de la persona aborrecida produce una doble esclavitud:

(i) No puede dejar de pensar en aquello que odia, por lo cual sus pensamientos están siempre focalizados en quien odia; sus relaciones con los demás están condicionadas por su odio y todo lleva el sello de este odio. Tenemos así una esclavitud respecto de un *objeto o persona* que disminuye (encadena) el campo de la atención.

(ii) Además, el odio estrangula también el campo de los sentimientos: el rencor, como pasión intensa agota las energías de la persona perjudicando su capacidad de desarrollarse en otros campos. Se hace muy difícil desarrollar la capacidad de gozar de la realidad, de la vida, de amar; se empasta hasta cierto punto la creatividad de la persona o la capacidad de consagrarse en cuerpo y alma a una misión, etc. La vida sentimental y espiritual de una persona es muy amplia, pero cuando alguien está dominado por la emoción del resentimiento, la vida emotiva parece reducirse al cultivo del odio y del deseo de venganza; y la vida espiritual es arrastrada por esta emoción amarga.

Dennis y Matthew Linn relatan esta historia: "Conocimos un sacerdote, el P. Thomas, que vio sufrir tanto a su familia y a sus amigos de parte de Adolf Hitler, que terminó participando en un complot para asesinar al dictador. Hitler lo capturó sentenciándolo a muerte, pero antes de que se ejecutara la sentencia, la guerra terminó y el P. Thomas quedó en libertad. Sin embargo su espíritu no quedó libre. Treinta años más tarde, participando en nuestro retiro para curar los recuerdos [*que*

97

organizaban estos sacerdotes], el P. Thomas era capaz de perdonar únicamente en su mente, pero todavía sentía un odio intenso en su corazón por Adolf Hitler. Celebramos la Misa pidiendo a Jesús crucificado que pusiera dentro de nuestros corazones sus palabras: 'Padre, perdónalos, porque no saben lo que hacen'. También pedimos a Jesús que ayudara a cada una de las personas a que experimentaran el mundo de la persona que tenían que perdonar —sus heridas, sus miedos y todo aquello que los había llevado a herir a los demás—. El P. Thomas sólo pudo experimentar la dureza de corazón de Hitler. Entonces Nuestro Señor le mostró de qué manera su propio corazón, que no había perdonado a Hitler durante esos treinta años, era tan duro como el mismo corazón del cruel perseguidor. Tan pronto como el P. Thomas lloró su propia dureza de corazón, experimentó cuánto lo había amado Jesús llamándolo a ser sacerdote a pesar de la inclemencia de sus sentimientos. En ese momento sintió el mismo amor que Jesús tuvo por Hitler a pesar de que el corazón de Hitler permaneciera inmutable. Al unirse al corazón de Jesucristo orando en su corazón por Hitler, el P. Thomas descubrió que por primera vez en treinta años podía ordenar su pasado sin sufrir".

El perdón nos libera *de* muchas cosas: (i) de nuestros recuerdos amargos; (ii) de nuestros remordimientos; (iii) de nuestros miedos (miedo de enfrentar el pasado; miedo de volver a encontrarme con quien me ha causado daño; miedo de tener que renunciar al deseo de revancha o venganza, miedo a la reiteración de las heridas, etc.); (iv) nos libera de la soledad con la que cargamos nuestros rencores (por la dificultad de compartirlos con otros); (v) nos libra de repetir incesantemente los mismos patrones o modelos negativos que hemos creado inconscientemente para defendernos de las heridas, pero que también nos agobian y atan.

Y el perdón también nos libera *para* muchas cosas: (i) nos da libertad para mirar de frente; (ii) nos da libertad para pensar sin angustia el pasado y ordenarlo; (iii) nos da libertad para proyectar el futuro; (iv) nos da libertad para poder entregarnos a una misión, a una vocación, de lleno, sin las restricciones que impone una herida que no ha cerrado y que constantemente supura.

(c) Reflexiones personales

A la luz de lo dicho, respondamos a las siguientes preguntas, anotándolas en nuestro *Cuaderno de trabajo*:

1) ¿Me he sentido esclavizado por el rencor? ¿He notado en mi corazón, miedos, obsesiones, limitaciones en mis sentimientos, a causa de mi resentimiento?

2) Mis pensamientos, ¿se dirigen una y otra vez a la persona que me ha ofendido? ¿vuelven constantemente a mi memoria los recuerdos de la ofensa? ¿dificultan esos pensamientos otras actividades? ¿amargan mis demás sentimientos?

3) ¿Me he visto identificado, a causa de mi resentimiento, con aquellos que me han herido? ¿He reproducido en mi corazón los mismos sentimientos de dureza e insensibilidad que llevaron a mis ofensores a hacerme daño?

4) ¿He experimentado ya la libertad al perdonar? ¿Qué me ha dado el perdón? ¿Cómo me siento después de empezar a perdonar?

CONCLUSIÓN

1. Una página de oro para concluir

Quiero transcribir, a modo de conclusión, una de las páginas más hermosas que la literatura ha dejado sobre la dificultad y la concepción cristiana del perdón. Son algunos párrafos de esa historia que nadie debería dejar de leer — y de releer—: "I promessi sposi" ("Los novios"), de Alejandro Manzoni. Cuenta la historia, ambientada a principios de 1600 en Lombardía, de dos novios pobres a punto de casarse, Renzo y Lucía, cuyo matrimonio se vuelve irrealizable por causa de un poderoso noble, Don Rodrigo, que se ha enamorado de la casta muchacha. Para salvar a los jóvenes, un fraile, el P. Cristóforo, los ayuda a huir, pero deben hacerlo cada uno por distinto lado. A partir de allí surgen numerosas desventuras que les hace imposible volver a reunirse, terminando en el momento de la histórica peste de Milán que se cobró la vida de miles de lombardos. El episodio que transcribo pertenece casi al final del relato, y tiene lugar en el lazareto de Milán, lugar al que enviaban los apestados y moribundos, y donde han dicho a Renzo que está Lucía a quien supone enferma o muerta. Allí a quien encuentra es al heroico pero avejentado y sufrido P. Cristóforo atendiendo a los apestados. Cristóforo, quien de laico había sido un famoso pendenciero que llevado del odio mató a uno de sus enemigos — razón por la cual se hizo religioso para expiar su pecado— descubre el furor y el resentimiento contra Don Rodrigo anidado profundamente en el corazón de Renzo. El fraile, invitándolo a que busque a Lucía a lo largo y ancho del lugar, dice al muchacho:

—*Recuerda que no es poco lo que has venido a buscar aquí: ¡pides una persona viva en el lazareto! ¡Sabes cuántas veces he visto renovarse este pobre pueblo mío! ¡A cuántos he visto llevarse! ¡cuán pocos salir!... Ve preparado a hacer un sacrificio.*

—*Ya. También yo me doy cuenta* —interrumpió revolviendo los ojos, y alterándosele todo el rostro—; *¡me doy cuenta! Voy: miraré, buscaré, en un sitio, en otro, y luego aún, por todo el lazareto, de punta a punta... ¡y si no la encuentro!...*

—*¿Si no la encuentras?* —*dijo el fraile, con un aire de seriedad y de expectativa, y con una mirada admonitoria.*

Pero, Renzo a quien la rabia nuevamente despertada por la idea de aquella duda, le había hecho perder el tino, repitió y prosiguió:

—*Si no la encuentro, veré de encontrar a algún otro* [se refiere a Don Rodrigo]. *O en Milán, o en su maldito palacio, o en el fin del mundo, o en el mismo infierno, encontraré a ese canalla, que nos ha separado; a ese bribón, que si no hubiera sido por él, Lucía ya sería mía desde hace veinte meses; y si estábamos destinados a morir, al menos habríamos muerto juntos. Si vive todavía ese hombre, lo encontraré...*

—*¡Renzo!* —*dijo el fraile, aferrándolo por un brazo, y mirándolo aún más severamente.*

—*Y si lo encuentro* —*continuó Renzo, completamente cegado por la cólera*—, *si la peste no ha hecho ya justicia... No son ya tiempos en que un haragán, con sus bravos en torno, pueda llevar a la gente a la desesperación, y reírse de ella: ha llegado el tiempo de que los hombres se encuentren cara a cara: y... ¡la haré yo la justicia!*

—*¡Desdichado!* —*gritó el padre Cristóforo, con una voz que había recobrado toda su antigua plenitud y sonoridad*—, *¡desdichado!* —*y su cabeza doblada sobre el pecho se había levantado; sus mejillas se coloreaban con la antigua vida; y el fuego de sus ojos tenía no sé qué de terrible*—. *¡Mira, desdichado!* —*y mientras con una mano apretaba y sacudía con fuerza el brazo de Renzo, giraba la otra ante sí, señalando lo más que podía de la dolorosa escena circundante*—. *¡Mira quién es el que castiga! ¡El que juzga, y no es juzgado! ¡El que flagela y no perdona! ¡Pero tú, gusano de la tierra, tú quieres hacer justicia!, ¡tú lo sabes, lo sabes tú qué es la justicia! ¡Ve, desdichado, vete! Yo esperaba... sí, he esperado que, antes de mi muerte, Dios me daría el consuelo de saber que mi pobre Lucía estaba viva; quizá de verla, y oírle prometerme que dirigiría una plegaria allá, a la fosa donde estaré. Ve, tú me has quitado mi esperanza. Dios no la ha dejado en la tierra para ti; y tú, ciertamente, no osarás creerte digno de que Dios piense en consolarte. Habrá pensado en ella, porque ella es una de esas almas a quienes les están reservados los consuelos eternos. ¡Ve!, ya no tengo tiempo de escucharte.*

Y diciendo esto, apartó de sí el brazo de Renzo, y se encaminó hacia una cabaña de enfermos.

—*¡Ah, padre!* —*dijo Renzo, yendo tras él con ademán suplicante*—, *¿quiere echarme de esta manera?*

—¡Cómo! —prosiguió con voz no menos severa, el capuchino—. ¿Osarías tú pretender que le robase mi tiempo a esos afligidos, que esperan que yo les hable del perdón de Dios, para escuchar tus voces de rabia, tus propósitos de venganza? Te he escuchado cuando pedías consuelo y ayuda; he dejado la caridad por la caridad; pero ahora tú tienes la venganza en el corazón: ¿qué quieres de mí?, vete. He visto morir aquí a ofendidos que perdonaban; a ofensores que gemían por no poderse humillar ante el ofendido; he llorado con unos y con otros; pero contigo, ¿qué he de hacer?

—¡Ah, le perdono!, ¡le perdono de veras, le perdono para siempre! —exclamó el joven.

—¡Renzo! —dijo, con una seriedad más sosegada, el fraile —piénsalo; y dime cuántas veces lo has perdonado.

Y, estando un rato sin recibir respuesta, de repente bajó la cabeza, y con voz sorda y lenta, prosiguió:

—Tú sabes por qué llevo yo este hábito.

Renzo vacilaba.

—¡Lo sabes! —dijo el anciano.

—Lo sé —respondió Renzo.

—He odiado también yo, que te he reprendido por un pensamiento, por una palabra; al hombre que odiaba de todo corazón, que odiaba hacía mucho tiempo, yo lo maté.

—Sí, pero un prepotente, uno de esos...

—¡Calla! —interrumpió el fraile—. ¿Crees tú que si hubiese una buena razón, no la hubiera encontrado yo en treinta años? ¡Ah!, si yo pudiera ahora meter en tu corazón el sentimiento que luego he tenido siempre, y que sigo teniendo, por el hombre a quien odiaba ¡Si yo pudiera! ¿Yo?, pero Dios lo puede: ¡que Él lo haga!... Escucha, Renzo: Él te ama más de lo que te amas tú mismo: tú has podido urdir la venganza: pero Él tiene bastante fuerza y bastante misericordia para impedírtela; te concede una gracia de la que algún otro era demasiado indigno. Tú sabes, lo has dicho mucha veces, que Él puede detener la mano de un prepotente; pues sabe también que puede detener la de un vengativo. Y porque eres pobre, porque te han ofendido, ¿crees que Él no puede defender contra ti a un hombre que ha creado a su imagen y semejanza? ¿Crees que iba a dejarte hacer todo lo que quisieras? ¡No!, pero, ¿sabes tú lo que puedes hacer? Puedes odiar, y perderte; puedes, con un sentimiento tuyo, alejar de ti toda bendición. Porque, como quiera que te fueran las cosas, cualquiera que fuese tu fortuna, ten por seguro que todo será un castigo *mientras no hayas perdonado de manera que nunca puedas volver a decir: lo perdono.*

—*Sí, sí —dijo Renzo, muy conmovido, y confuso—; comprendo que nunca le había perdonado de veras; comprendo que he hablado como un animal, y no como un cristiano: y ahora, con la gracia del Señor, sí, le perdono de verdad de todo corazón.*

—*¿Y si lo vieras?*

—*Rogaría al Señor que me diese paciencia a mí, y que a él le tocara el corazón.*

—*¿Recordarías que el Señor no nos ha dicho que perdonemos a nuestros enemigos, sino que nos ha dicho que los amemos? ¿Recordarías que Él lo ha amado hasta el punto de morir por él?*

—*Sí, con su ayuda.*

Nos basta con estas líneas para entender que Fray Cristóforo ha hecho comprender a Renzo que Dios es tan bueno que si, por los secretos de su Providencia, no impidió al ofensor hacer su daño, sí ha hecho algo mayor que eso, algo que manifiesta más amor que el impedir el mal: impedir el odio, y hacer algo más grande que el mal: hacer que un ofendido perdone. También le ha enseñado que sólo se perdona de veras cuando se hace de tal modo que ya no se necesita repetir nunca más "lo perdono", sino "ya lo perdoné". Dejo a todos la lectura de un final imperdible.

2. Oraciones de perdón

Al término de este itinerario, si hemos sido fieles a las mociones de Dios, podemos estar en condiciones de perdonar de corazón. Esto debe hacerse delante de Dios y con toda formalidad. Proponemos estas posibles oraciones, aunque recomendamos que cada uno haga la suya propia:

Oración para pedir la gracia del perdón
Señor Jesucristo, Tú que eres el Dios de los perdones
y te has mostrado como el Gran Perdonador,

prepara mi corazón para perdonar.
Dame tu gracia para comprender a los que me han ofendido,
para entender sus límites y miserias,
sus miedos y angustias, y todo aquello
que envenenó sus corazones con la aspereza,
la violencia, la envidia o el rencor
que han descargado sobre mí.
Ayúdame a comprender que bajo las capas de su miseria
aún siguen siendo imagen tuya,
como también yo lo soy a pesar de la humillación,
el abatimiento, los miedos y la vergüenza
que me han hecho sentir.
Enséñame a perdonarlos como Tú los perdonas,
a mirarlos como Tú los mirabas desde la cruz,
como Tú les ofrecías el perdón
y por ellos rezabas a tu Padre repitiendo una y otra vez:
"Padre, perdónalos, porque no saben lo que hacen".
Dulce Jesucristo, moribundo en tu Cruz,
si el perdón no nace espontáneamente en mi alma,
arranca de mí, con el ejemplo de tu martirio,
el deseo de venganza y de desquite.
No permitas que, a fuerza de alimentar mi rabia
termine por imitar los vicios de quienes me han ultrajado,
volviendo mi corazón tan duro como la piedra
y tan amargo como el de los que me hicieron el mal.
Infunde en mi corazón tu dulzura y mansedumbre,
tu clemencia y benevolencia,
tu serenidad, tu mesura y tu paz.
Tu humildad de corazón y tu amor sin límites. Amén.

Oración para perdonar

Señor Jesucristo, te pido la gracia de poder perdonar
a quienes me han ofendido y me han herido.
Reconozco que me amas y que eres Dios misericordioso y
amante.

Señor, sé que Tú me ofreces tu perdón por mis pecados
y me esperas, con los brazos abiertos, en el sacramento del
perdón.

Soy yo quien no me perdono a pesar de haber recibido tu perdón.

Por eso, hoy aquí, después de recibir el perdón que desciende de Ti, *también yo me perdono.*

Me perdono por no haber sido lo que quería ser,

por no haber logrado lo que había planeado para mi vida,

por haber perdido cosas hermosas y únicas que no podré nunca recobrar,

por haber obrado muy mal, por haberme equivocado horriblemente,

por haber destruido lo que ya no puedo recuperar,

por haberme distanciado de quienes amaba,

por haber dado pasos que ya no puedo rehacer.

Ahora sólo puedo pensar en empezar, desde aquí, una nueva vida

fundada, ésta vez sí, en tu Voluntad.

Por todo esto he sentido rabia de mí mismo.

Pero porque Tú me perdonas,

también yo me perdono.

Enséñame a mirar hacia adelante.

Señor, siguiendo tu ejemplo valiente y generoso,

también yo perdono a quienes me han herido.

Perdono a ... *(mencionar la persona);*

le perdono todas las lastimaduras que me ha causado;

lo perdono por la vez que ... *(mencionar la herida)*

y también por ... *(mencionar otra herida, si hubiere, y así sucesivamente).*

(Repetir este párrafo tantas veces cuantas personas pensemos que nos han hecho daño).

A todos, los perdono de corazón, como Tú los perdonas.

Dame la gracia de no sentir resentimiento, de no volver sobre esos daños;

de amarlos como Tú los amas a ellos y a mí,

a pesar de lo que hemos hecho, ellos y yo.

Perdóname Tú a mí, como yo los perdono a ellos.

Reconozco que me hicieron mal, quizá mucho mal;

pero también reconozco que de esos males Tú has sacado mucho bien.

De la herida.... *(nombrarla)* que me hizo... *(nombrarlo),*

Tú hiciste que surgieran estos bienes: ... *(nombrarlos).*
Y estos bienes compensan con creces mis golpes
mis dolores y mis muchas lágrimas.
Dame la gracia de besar mis heridas
como Tú besas las llagas que llevas sobre tu cuerpo
y que son el precio que, gustoso, pagaste por mí.

A Ti, Dios Padre y Señor nuestro,
no necesito perdonarte sino pedirte perdón.
Sin embargo, en el pasado me he forjado una falsa imagen de Ti.
No te entendí o simplemente no te conocía.
No comprendí por qué permitiste que me sucediera ....
(nombrar las cosas que nos han hecho sufrir).
Por eso me enojé contigo, aunque no fue verdaderamente contigo
sino con el "Dios" que me forjé en la imaginación:
severo, lejano, indiferente a mis dolores,
que no hace nada por impedir el mal ni frenar a los impíos.
Hoy sé que no es así.
No hace falta que te perdone, simplemente me basta con reconocerte
como Padre que sabes todo lo que sucede,
que quieres el bien y permites el mal cuando será fuente de mayor bien.
Un Padre que me ha dado la vida, el alma y el cuerpo,
todos los bienes que he recibido a través de mi familia,
mis amigos, las personas que se han cruzado en mi vida;
en los sacramentos, en la vocación a la santidad,
un Padre que me ha prometido el cielo
y que me borra todos los pecados.
Tú me amas más que yo mismo.
Tú quieres mi felicidad más que yo mismo.
Pero por caminos muy misteriosos, a veces oscuros y estrechos,
y a menudo sembrados de espinas.
Pero siempre son caminos hacia la luz y hacia la felicidad,
que eres Tú, nuestro Destino y nuestra Herencia Sorprendente.

Ablanda mi corazón; siembra en él la misericordia
y la compasión, y con ellas su fruto precioso: la paz. Amén.

IVE Press

New York – 2011